GERRIT WINTER

Sei eine Stimme, nicht nur ein Echo

GERRIT
WINTER

Sei eine Stimme
Nicht nur ein Echo

Was die Stimme über dich
aussagt und wie sie dein
Leben verändern kann

INHALT

Finde deine Stimme 6

1 Einleitung 10
2 Ganz einfache schwere Fragen 18
3 Mehr als nur Sauerstoff: Die Atmung 29
4 Der schlafende Riese: Die Stimme 38
5 In jedem steckt eine kleine Whitney 48
6 Energetisches Pingpong: Resonanz 56
7 Die laute Welt und die leise innere Stimme 65
8 Heldenreise: Das wahre Leben ruft 74
9 Mehr als gesund: Das große Ganze 84
10 Singen ist das neue Yoga 115
11 Im Wandel: Die Stimme in der Gesellschaft 125
12 Der Spiegel der Seele 134
13 Frauen, ihr habt das Wort 152
14 Stark mit Stimme 166
15 Bestimmung 181

Nachwort: Hauch dir Leben ein 202

FINDE DEINE STIMME

Weißt du, was du im Leben willst und was dich glücklich macht? Stehst du auch wortstark dafür ein? Für mich geht es darum, sichtbar zu werden und den Mut zu haben, sich auf seinen eigenen Weg zu machen. Auf den Weg zu sich selbst und zu einem glücklicheren Leben. Es geht darum, den Mut zu erlernen, die Dinge, die einen unglücklich machen, zu verändern oder loszulassen und neuen Dingen Raum zu geben. Es geht darum, zu lernen, was aus dem Rucksack ausgepackt werden muss und was es wert ist, weitergetragen zu werden. Raus sollten langfristig Selbstzweifel, zerstörerische Gedankenmuster, das Opfersein, Energieräuber und Menschen, die einen runter- statt raufziehen. Dieses Bewusstsein zu erlernen erfordert Mut. Denn man wird auf dieser Reise sicher des Öfteren hinfallen und muss dann wieder aufstehen. Doch das Hinfallen bringt einen ja auch wieder ein Stückchen weiter. Es macht klüger, weiser, erfahrener.

Solchen Mutigen gebührt Respekt und dieser Mut definiert den Helden. Eine Heldin oder ein Held muss nicht immer siegreich hervorgehen. Doch Helden geben nicht auf. Sie zeigen Verletzlichkeit. Sie zeigen, dass sie nicht perfekt und nicht gefeit sind vor den Dingen, die das Leben bereithält. Sie verlassen den Platz mit erhobenem Haupt, selbst wenn sie gefallen sind. Sie wagen zu verlieren und wachsen über sich hinaus. Diesen Menschen jubeln wir zu. Zu ihnen sehen wir auf, weil wir uns mit ihren Schwächen identifizieren können und sie uns an uns und unseren eigenen schweren Weg erinnern. Wir müssen uns gegenseitig applaudieren, dafür, dass wir den Mut aufgebracht haben, obwohl auch wir vielleicht scheitern.

Vor allem in diesen Zeiten. Seien es globale Krisen oder ganz persönliche Talfahrten. Wir sehen viele Missstände, soweit das Auge reicht. Man muss seinen Kopf über Wasser halten und will nicht untergehen in dem Meer von schlechten News. Das ist beschwerlich, aber es lohnt sich. Deshalb ergreifen wir jeden Tag die Möglichkeiten, die das Leben uns bietet. Wir machen weiter, weil wir wissen, dass da mehr ist. Etwas in uns sagt uns, dass wir glücklich, gesund, erfolgreich, bewusst, erfüllt und authentisch sein wollen. Deshalb gibt es jeden Morgen einen neuen Tag, der darauf wartet, dass wir wieder über uns hinauswachsen und abends zuversichtlich in unsere Kissen fallen und wissen: Es geht weiter! Natürlich klappt das mal besser, mal schlechter, aber wir tun es. Es ist wie das Atmen, es geschieht einfach. Wir denken nicht darüber nach. Wir nehmen automatisch den nächsten Atemzug und machen weiter. Obwohl wir wissen, wir werden nicht eines Tages aufwachen und es geschafft haben. Das vereint uns alle. Der Weg zum Glück ist weder kurz noch lang, er ist schlicht ein Weg. Aber er ist es wert, gegangen zu werden.

Je bewusster wir diesen Weg gehen, je leidenschaftlicher und mutiger wir sind, desto verletzlicher sind wir. Doch je mehr Imperfektion wir uns erlauben, desto schneller kommen wir auch voran, weil wir keine Zeit verschwenden, um zu gefallen, zu blenden, zu korrigieren und zu optimieren, bis wir uns selbst verloren haben. Es geht darum, den Mut zu haben, einfach loszulaufen und anzunehmen, was kommt. Haben wir immerzu Angst, ist es meiner Meinung und Erfahrung nach die Angst, verletzt zu werden oder zu scheitern. Denn das werden wir zuweilen sowieso. Das ist das Leben. Es beinhaltet Schmerz, sobald wir auf die Erde kommen. Dies ist nichts Schlimmes, es gehört schlicht und einfach dazu. Es ist Teil des Spiels und es lohnt sich, dieses Risiko in seinem Rucksack zu tragen. Genau wie den Mut, die Liebe, die Kreativität, den Erfolg, die Authentizität oder das Glück. Was sie alle vereint, ist das Risiko für Schmerz und Leid. Ohne das eine gibt es nicht das andere nicht. Authentisch und sichtbar zu sein bedeutet auch, dass wir verletzbar sind. Aber hinzu kommt, dass wir viel mehr beeinflussen können, als wir selbst oft denken. Wir sind nicht ausgeliefert. Wir haben alles, was wir brauchen. Es ist bereits in uns!

Viel mehr, als du für möglich gehalten hast, steckt schon in dir! Jeden Morgen, wenn du die Augen öffnest, hast du bereits alles, was du dazu benötigst, um ...

... die Person zu sein, die du sein willst! Und nicht nur das Echo von jemand anderem, von fremden Meinungen und Einstellungen, die dir eigentlich nicht entsprechen.

Bist du bisher das Echo von jemand anderem gewesen?
Was genau ist hier mit „Echo" gemeint?

Unser Freund der Duden definiert es wie folgt:

1. [mehrfache] Schallreflexion; Widerhall, Nachhall
   Beispiele
   • ein mehrfaches Echo
   • das Echo eines Hahnenschreis
   • das Echo antwortete uns
   • [in übertragener Bedeutung:] er ist nur das Echo seiner
     Freundin (gibt nur deren Äußerungen, Ansichten wieder
     und hat keine eigene Meinung)
2. Resonanz, Reaktion auf etwas
   Beispiele
   • das Echo auf die Entscheidung
   • ein unterschiedliches Echo finden
   • ein großes Echo finden
3. echoartiges [Wieder]eintreffen, Zurückkommen
4. Gebrauch
5. Technik
   Beispiel
   • das Echo eines ausgesendeten [Radio]signals
6. [fehlerhafte] Wiederholung oder [unbeabsichtigter]
   Nachhall aufgrund bestimmter technischer [Neben]effekte

Alle Definitionen vereinen das „wieder/wider", den Effekt des Nachahmens und der Reaktion auf etwas. Das Echo ist etwas Passives, keine aktive Aktion. Ein Echo kann es nur geben, wenn eine aktive Aktion, beispielsweise die einer Stimme, vorausgegangen ist.

Auf uns übertragen ist das Echo das, was uns umgibt, ohne dass wir es gesagt haben. Es ist das, was auf uns trifft, weil bestimmte gesellschaftliche, religiöse oder kulturelle, persönliche oder familiäre Dogmen und Vorstellungen, Konventionen und Stimmen auf uns treffen und uns durch ihre Erwartungshaltungen zu einem Echo machen. Wir haben in dem Moment nicht selbst entschieden, etwas in diese Welt zu bringen. Wir wurden als Projektionsfläche oder sogar als Verstärker und Verbreiter genutzt, um durch uns dieses Echo zu erhalten.

Auch in der griechischen Mythologie findet sich diese Deutung wieder. Echó (griechisch Ἠχώ, von ἠχή ēchē ‚Schall') ist der Sage nach eine Bergnymphe. Von dem Göttervater Zeus bekam sie den Auftrag, dessen Gattin Hera mit dem Erzählen von Geschichten zu unterhalten, damit dieser sich ausreichend Zeit für amouröse Abenteuer mit anderen Damen nehmen konnte. Eines Tages deckt Hera dieses Abkommen auf und beraubt Echo zur Strafe ihrer Sprache. Der Sage nach ließ sie sie lediglich mit der Fähigkeit zurück, die letzten an Hera gerichteten Worte vor der Bestrafung zu wiederholen und das bis an ihr Lebensende.

01
EINLEITUNG

Bist du dir deines Lebens bewusst? Einer Stimme? Deiner Stimme? Bist du eine Stimme? Oder bist du ein Echo? Wurdest du deiner Stimme beraubt oder ist sie dir schlicht und einfach verloren gegangen?

Bist du dir bewusst darüber, wer du sein willst? Was du tust? Was dich tagtäglich umgibt? Oder bist du das Echo deiner Vergangenheit? Das Echo der anderen? Das Echo deiner Eltern oder der Gesellschaft?

Diese Zeit, in der wir leben, zeichnet sich vor allem durch eines aus: Überleben. Nicht zurückfallen, mithalten können, optimieren, besser, schneller und erfolgreicher. Nicht krank werden, Sport treiben, einkaufen, gut aussehen, erfolgreich sein und aller Welt durch die Social-Media-Kanäle zeigen, wie großartig wir sind.

Das ist eigentlich auch gar nichts Schlechtes, aber es macht aus uns Maschinen – ferngesteuerte Körper! Wir schieben irgendein Essen in uns rein, von dem wir glauben oder gehört haben, dass es gut für dieses oder jenes ist, wir machen das Radio oder den Fernseher an, weil man das halt so macht oder immer gemacht hat, klicken uns aus Langeweile durch YouTube oder checken Instagram oder Facebook, wo uns durch geschickte Algorithmen auch nur das für uns Relevante angezeigt wird. Wir reden drauf los, machen alles so, wie man es uns sagt, und dann geht es so weiter und weiter und weiter. Echo, Echoooo!

Wann ist man sich bewusst darüber, was man sagt, was man denkt, was man isst, was man sehen oder hören will, und frisst nicht einfach, was einem vorgesetzt wird?

So gut wie nie. Selten. Deswegen soll dieses Buch sensibilisieren, es soll einen Weg in ein glücklicheres und selbstbestimmtes Leben aufzeigen. Es soll dabei helfen, Veränderungen einzuleiten, denn dies bedeutet Fortschritt und Fortschritt bedeutet Glück.

Wo fängt man an? Mein Ansatz: bei der eigenen Stimme! Sie ist sowieso täglich im Gebrauch und der Spiegel zu unserem Inneren. Ihre Wiederentdeckung ist der Schlüssel raus aus dem Festgefahrensein hin zu einem Bewusstsein des Istzustandes in deinem Leben. Die bewusste Arbeit an und mit deiner Stimme schafft Selbsterkenntnis. Dieses Wissen öffnet Türen für neue Aktionen und jede Aktion verändert schließlich dein Leben. Deine eigene Stimme kann also dein Leben verändern.

Gerne hätte ich den Titel für dieses Buch selbst erfunden, aber es war einer der cleversten Köpfe der Welt: Albert Einstein. Seine „Stimme" brachte Licht ins Dunkel der Wissenschaft und in weitaus mehr Bereiche, als wir alle denken. Sei eine Stimme! Nicht nur ein Echo!

Bis ich eine Stimme hatte, war auch ich eine lange Zeit durch mein Echo definiert. Von dieser Geschichte, in der du dich vielleicht auch wiederfinden wirst, möchte ich dir erzählen, denn wir sitzen oft alle in einem Boot und können gegenseitig von unseren individuellen Geschichten lernen.

Mit Tipps, Ratschlägen und Übungen möchte ich dir Inspiration und Unterstützung geben, damit du für das Leben und seine Achterbahnfahrten gewappnet bist. All dies wird sich immer um den kraftvollsten Schlüssel zu dir selbst drehen: deine Stimme.

Wir entdecken gemeinsam deinen Istzustand. Wo befindest du dich gerade in deinem Leben? Dies zu wissen und zu fühlen wird dir helfen, weiterzukommen und deine Ziele zu verfolgen. Helfen können dabei die bewusste Wahrnehmung und das Nutzen deiner Stimme. Deine eigene Stimme sagt dir unendlich viel über dich, sodass es wichtig ist zu lernen, dir selbst zuzuhören, deine Stimme zu benutzen und ihr Beachtung zu schenken.

Ich möchte dir auch dabei helfen, den Weg zu deiner inneren Stimme wieder freizulegen. Vielleicht ist sie dir ja – wie so vielen anderen Menschen auch – verloren gegangen? Werde mutig, mach dich auf den Weg, deine Stimme neu zu entdecken – sowohl die Stimme, die nach außen schallt und tönt, als auch die stille Stimme, die im Inneren mit dir spricht. Verlasse deine Komfortzone und beginne, mit deiner Stimme Spuren zu hinterlassen – beim Gegenüber und in dir selbst. Werde sichtbar! Egal, ob im Job oder in deinem Privatleben.

DER GEIST IST ALLES: WAS DU DENKST, DAS WIRST DU.

BUDDHA

Manche Übungen im Buch werden dir dabei helfen, lauter und mit mehr Durchsetzungsvermögen zu sprechen, mit anderen Übungen wiederum möchte ich dir die verschiedenen „Farben" deiner Stimme bewusst machen, denn es ist ja ein Unterschied, ob du mit deinem Chef oder deinem Kind redest. Mit ein wenig Übung und wachem Bewusstsein wird es dir gelingen, deine Stimme richtig einzusetzen. Vor allem aber soll dich dieses Buch inspirieren. Es soll dir Mut machen, mit dir die ersten Schritte gehen, um dann weiterzumachen, dein Leben langfristig zu verändern.

Bei deiner Reise durch dieses Buch wirst du entdecken, dass du, wenn du möchtest, mehr aus deinem Leben machen kannst – egal, an welchem Punkt du gerade bist. Ich möchte, dass du dein riesengroßes Potenzial erkennst. Anekdoten aus meinem eigenen Leben, Erfahrungen und Erlebnisse, die ich während meiner Arbeit mit anderen Menschen gemacht habe, und die Geschichten von anderen Menschen sollen dich motivieren, genau hinzusehen und zuzuhören.

Die Kraft deiner Stimme ist der erste Schritt, um deinen Kopf, der vielleicht im „Autopilot-Modus" läuft, neu zu programmieren. Mit deinem geschärften neuen Bewusstsein wirst du beim alltäglichen Gebrauch deiner eigenen Stimme merken, wie oft du vieles sagst, ohne zuvor darüber nachzudenken. Das sind genau die Momente, in denen nicht du selbst, sondern meist dein Autopilot spricht. Kein Wunder, wenn du bisweilen damit eine Reaktion bei deinem Gegenüber ausgelöst hast, die unter Umständen gar nicht erwünscht war. Deine Botschaft kommt nicht richtig beim Empfänger an, weil du nicht verständlich oder angemessen gesendet hast.
Doch das Gefühl für den Zugang zu uns selbst müssen wir oft erst wieder lernen. Wir müssen den bestehenden Autopiloten überschreiben, was nicht einfach ist. Den Weg zu Glück, Erfolg, Authentizität und Selbstbewusstsein muss man neu erlernen, wiederentdecken und das neue „Ich" pflanzen, denn „du bist, was du denkst".

Die Art, wie du als Kind sprechen gelernt hast, wie du mit deiner Stimme wahrgenommen wurdest, was du über dich und deine Stimme gehört hast, all das hat deinen Autopiloten programmiert und er lenkt dich. Jede Bemerkung, wie „Oh, du klingst ja schrecklich!" oder „Sei still!" hat dein Verhalten geformt und deinen Autopiloten programmiert. Kennst du diese Gedanken? „Ich brauche endlich mehr Zeit für mich!" oder „Ich möchte mir lang ersehnte Wünsche endlich erfüllen!" Doch irgendwie klappt es nicht, niemand erhört oder hört dich? Nun heißt es: Tu es! Durchbreche die Limitationen, trete aus deiner Komfortzone und wachse über dich hinaus! Es beginnt – ganz einfach – mit deiner Stimme.

Was brauchen wir dafür?
1. Erkenntnis – Wer bin ich und warum bin ich so?
2. Ein neues Bewusstsein, d. h. neue positive Gedanken, Gedankenmuster und neue Gewohnheiten
3. Die eigene Stimme und Handwerkszeug, um sie aufzuwecken
4. Mut und neue Menschen, die deine Stimme hören

Werde sichtbar! Wenn du zu alledem innerlich nickst, möchte ich dir Mut machen, die Chancen zu sehen und zu ergreifen, die dir begegnen werden und die dir jeden Tag zeigen werden, dass sich etwas ändert.

Ein erstes Zeichen hast du schon bekommen, denn dein Kopf hat auf ein Buch reagiert, das sich mit dem Thema „Stimme" beschäftigt. Irgendwas hat bewirkt, dass dieses Thema dich anzieht. Du hast nach diesem Buch gegriffen. Dein Wunsch nach Veränderung hat sich auf deinen Körper übertragen und du hast mehrere Aktionen durchgeführt, die stärker waren als der „innere Schweinehund", es nicht zu tun. Gegriffen, gekauft, angefangen zu lesen. Dreimal hast du bereits agiert. Jetzt können wir gemeinsam neue Wege gehen. Du kannst deinen Weg gehen.

Auch ich wurde in meiner Vergangenheit durch gesellschaftliche Strukturen geprägt und habe „menschliche Talfahrten" erlebt, und diese möchte ich mit dir teilen. Vor allem, um dir Mut zu machen, denn ich konnte mir über vieles bewusst werden oder mich davon befreien und so meine Möglichkeiten und mein Potenzial nutzen. Auch bei mir führte der Weg über die Stimme – über die hörbare und die innere Stimme, der ich wieder zuhören lernen musste und wollte. Schließlich traute ich mich dann, meine innere Stimme faktisch sprechen zu lassen und das in die Welt zu bringen, was ich zu sagen hatte.

Da die Wichtigkeit der Stimme im Laufe der Zeit wieder ins Bewusstsein der Menschen zurückkehrte, gibt es seit 2012 sogar einen „World Voice Day"! Am 16. April jeden Jahres zelebrieren wir diesen internationalen Tag der Stimme und somit die Stimme selbst als eine der größten Errungenschaften der Menschheit und der modernen Welt!

Das
Leben
gab dir
eine **Stimme –**
benutze
sie!

02

GANZ EINFACHE SCHWERE FRAGEN

DIE STIMMEN
DER VERGANGENHEIT

Seitdem ich fünf Jahre alt war, hatte ich ein Ziel: Ich wollte Sänger werden und auf der Bühne stehen. Nichts hat mich in meinem Leben mehr angetrieben als dieser Wunsch.

Wenn ich damals in unserer heimischen Küche oder in meinem Kinderzimmer „auftrat", nahm ich eine Mark Eintritt, moderierte mich selbst an und sang alle Kindergartenlieder rauf und runter. Diese Leichtigkeit änderte sich leider, als ich in die Pubertät kam, denn ab da durfte mich niemand mehr singen hören oder gar beobachten – zu groß war die Scham oder die Angst, nicht gut genug zu sein. Erst als ich mich meinem 17. Geburtstag näherte, wurden diese Gefühle etwas schwächer. Da war etwas in mir, dass sich mitteilen wollte.

Ich glaube, so etwas hat in diesem jungen Alter jedes Kind und jeder Jugendliche. Ganz unvoreingenommen denken wir groß und wollen hoch hinaus. Die Gedanken sind frei und man erlebt dies ganz ohne Hemmungen und Schranken.

Wie war das damals bei dir? Es hilft, einmal bewusst zu reflektieren, was dich einst bewegt hat, wohin du eigentlich mal wolltest, um zu prüfen, ob du noch auf dem richtigen Weg bist. Im Laufe dieses Buches stelle ich dir immer wieder gezielte Fragen zu verschiedenen Themen und Lebensbereichen, um Verdrängtes und Verborgenes aufzuspüren. Mach zunächst eine kleine Reise in deine Vergangenheit und schreibe deine Gedanken dazu auf. Du kannst dafür die folgenden Seiten nutzen oder einen Block oder ein schönes Notizbuch.

DEINE REISE
IN DIE VERGANGENHEIT

Was waren deine Kindheitsträume?

_____

_____

_____

_____

Was hat dich schon immer
fasziniert oder begeistert?

_____

_____

_____

_____

Was war dein Berufswunsch und warum?

_____

_____

_____

_____

**Was waren deine Träume
als junger erwachsener Mensch?**

_____

_____

_____

_____

Ich weiß nicht, ob es dir auch so geht, doch je älter man wird, desto schneller vergeht die Zeit. Plötzlich vergisst man, welche Träume man hatte und welche Ziele man erreichen wollte. Sie können wieder freigelegt werden. Und sie sind es wert, beachtet und reflektiert zu werden, auch wenn sie nicht gleich umsetzbar sind.

Es lohnt sich, diese Reise zurück anzutreten, denn die Erfahrungen, die du dabei machen kannst, sind wertvolle Mosaiksteine auf deinem Weg, deine Stimme wiederzuentdecken. Dabei wirst du viele hemmende Überzeugungen aufdecken, Glaubenssätze von anderen, die dich in den Jahren deiner Kindheit geprägt haben, weil du sie übernommen hast, oder Erfahrungen, die du in deinem Umfeld gemacht hast. Solche uns innewohnenden Glaubenssätze, die das Verhalten passiv steuern, tragen ebenfalls dazu bei, dass wir unsere Leichtigkeit, Offenheit und Stimme verlieren. Diese Gedankenmuster gilt es aufzubrechen, damit wir uns wieder öffnen und der eigenen Stimme Raum geben können.

Beim Thema „Gedankenmuster aufbrechen" muss ich an eine kleine Geschichte aus meiner Kindheit denken. Wie viele Kinder hatte ich nie besonders viel Lust, die Zähne zu putzen, sodass ich zahlreiche Tricks angewendet habe, um dies nicht tun zu müssen. Meine Mutter schlug mich eines Tages mit meinen eigenen Waffen. Sie sagte, dass ich mit meinen Zähnen von nun an machen könne, was ich wolle. Wenn ich jedoch Sänger werden wolle, dann bräuchte ich nicht denken, dass jemand gerne ein braunes Gebiss sehen möchte. Sänger hätten gepflegte Zähne. Das saß. Tatsächlich habe ich seit genau diesem Tag nie wieder vergessen, meine Zähne zu putzen. Jahre später war ich eines Nachts sehr müde, und da ich mich kaum noch auf den Beinen halten konnte, beschloss ich, eine Ausnahme zu machen und ohne Zahnpflege ins Bett zu gehen. Doch obwohl ich erschöpft war, konnte ich vor lauter schlechtem Gewissen nicht schlafen. Ich wälzte mich todmüde eine halbe Stunde im Bett und stand schließlich wieder auf, um meine Zähne zu putzen.

Mit dieser Anekdote möchte ich dir zeigen, dass du durch das bewusste Denken an deine Wünsche und Träume den notwendigen Weg auch antreten wirst. Ein starker Gedanke, der tief mit deinem Unterbewussten und deinen Überzeugungen verbunden ist, und – ZACK! – ein aufkommendes negatives Verhaltensmuster hat wenig Chancen. Es muss durch ein stärkeres und positiveres ersetzt werden.

Natürlich ist es nicht immer so leicht wie bei diesem Beispiel. Es ist eine Herausforderung, Verhaltensmuster und Glaubenssätze, die seit deiner Kindheit in dir wurzeln, durch neue zu ersetzen, weil dein Kopf zunächst dagegen sein wird und es auch herrlich bequem ist, alles so zu belassen. Es ist dein Kopf, der dir hier etwas vormacht. Du bist, was du denkst! Du erinnerst dich an den Autopiloten? Dazu später noch mehr.

Den Anfang zu finden, ist für uns Erwachsene oft schwer. Konsequent immer wieder den richtigen Hebel umzulegen, raus aus der alten Komfortzone ... doch keine Panik. Es gibt eine Hintertür und wir gehen den Weg gemeinsam.

DIE STIMMEN DER GEGENWART

Lass uns gemeinsam dein Bewusstsein schärfen und dich Stück für Stück deiner Stimme wieder näherbringen. Dabei wollen wir mit Bedacht, Reflexion und kleinen Schritten vorgehen. Niemand muss direkt den Gipfel des Mount Everest besteigen. Jedoch mutig zu sagen, was man denkt, in einer Karaokebar einmal alleine zu singen, die langgehegte berufliche Idee zu planen und umzusetzen oder wenigstens schon einmal auszusprechen – warum nicht?

Begib dich nun von deiner Reise in die Vergangenheit zurück ins Hier und Jetzt und setze dich mit deinem Istzustand auseinander. Das, was sich jetzt gerade in dir abspielt, was dich ausmacht, wie du dich siehst und fühlst, jetzt, zum gegenwärtigen Zeitpunkt. Werde sichtbar!

SCANNE DICH

Was kann ich richtig gut?

_____

_____

_____

Wofür schätzen mich andere?

_____

_____

_____

Wenn ich eine Zeichentrickfigur oder eine
TV-Heldin/ein TV-Held wäre, dann wäre ich gern ...

_____

_____

Worin bin ich einzigartig?

_____

_____

_____

Was war mein bestes Erlebnis im Job?

_____

_____

_____

Wenn ich wüsste, ich könnte nicht
scheitern, was würde ich tun?

_____

_____

WIE GEHT ES DIR?

Mit dieser Frage beginne ich immer mein Coaching. Ich würde auch dir diese Frage stellen und du solltest bei ihrer Beantwortung auf zwei Dinge achten:

• auf den Klang deiner Stimme,
• auf das, was du sagst.

Diese Informationen sind für mich die Basis meiner weiteren individuellen Arbeit im Coaching. Der Klang einer Stimme verrät mir den Zustand der Seele des Menschen, seine psychische Verfassung, seine Tagesform. Ich kann hören, wie es jemandem geht. Für ein erfolgreiches Coaching muss ich wissen, was in diesem Moment an diesem Tag einen Klienten beschäftigt und ihn berührt. Bevor ich dies nicht weiß, kann ich nicht mit der Arbeit beginnen.

Denn solltest du müde und erschöpft klingen, macht es keinen Sinn, dich heute zum Bäume-Ausreißen zu bewegen, dann kann man nicht aus dem Vollen schöpfen.

Beantworte dir also selbst folgende Fragen und analysiere dich dabei genau. Sei ehrlich zu dir. Registriere einfach den Istzustand, ohne ihn zu bewerten. Es ist zunächst eine Bestandsaufnahme und keine Diagnose. Dies ist erst einmal ein Anfang. Alles, was du brauchst, steckt ja schon in dir und muss nur freigelegt werden.

INTERVIEW MIT DIR SELBST

Wie klingt deine Stimme?
Brüchig, leise, ohne Power?
Kraftvoll oder stark?

_____

_____

_____

_____

_____

Bist du glücklich?
Deprimiert oder fühlst du dich leer?

_____

_____

_____

_____

_____

Deine Wünsche und Träume aus der Vergangenheit verraten viel über dich. Sie sind ein wichtiger Teil von dir. Mach dir bewusst, wie du gefühlt hast, bevor deine Umwelt dich verändert hat. Frage dich in regelmäßigen Abständen, wie es dir geht. Sei dabei ehrlich und schaue dir an, was deine Stimme und dein Körper dir sagen wollen. Nicht jeder Tag ist gleich.

03

MEHR ALS NUR SAUERSTOFF: DIE ATMUNG

Atme ein
und **atme aus** –
darin lag
schon immer
ein **großes**
Potenzial!

ES WAR EINMAL ...

Unsere Atmung gehört zu den am häufigsten ignorierten Körper-
funktionen, die wir haben. Wann hast du das letzte Mal mit vollem
Bewusstsein auf deine Atmung geachtet? Wahrscheinlich ist dies
etwas, das wir alle selten bis gar nicht tun. Es ist jedoch ausgesprochen wichtig, dass wir uns der großen Bedeutung unserer Atmung bewusst sind, denn ohne diese Körperfunktion sind wir nicht
lebensfähig. Das Atmen ist ein lebensnotwendiger, automatischer
Vorgang, den wir aber auch bewusst steuern und beeinflussen können. Deshalb widme ich ihm auch ein ganzes Kapitel.

Vielen geht im Laufe des Lebens die „richtige", natürlich und tief
fließende Atmung verloren. Wir atmen zwar, aber bei den meisten
Menschen sitzt die Atmung zu hoch, das heißt, ein Atemzug endet
bereits auf halber Strecke und nimmt nicht mehr den vollständigen
Weg in die Tiefe des verfügbaren Atemsystems. Dadurch können
wir einen Atemzug auch nicht zu 100 Prozent nutzen, unser Potenzial nicht ausschöpfen und natürlich unseren Körper auch nicht optimal mit Energie versorgen.

Wenn wir auf die Welt kommen, machen wir von ganz alleine noch
alles richtig. Wir atmen von Natur aus in den Bauch. Die Bauchatmung
beruhigt und entspannt. Mit zunehmendem Alter verlernen wir die
so wichtige Bauchatmung. Wir werden kurzatmig, halten den Atem
an, atmen zu wenig, zu flach, zu schnell und verlieren die Verbindung
zu unserem tiefen und wertvollen Atem. Durch den Stress des Alltags
verschiebt sich unsere Atmung weiter nach oben in den Brustkorb.
Dort gehört sie aber nicht hin, und statt innezuhalten und dies zu erkennen, wundern wir uns, warum wir immer gestresster werden und
sich im wahrsten Sinne des Wortes in Hals und Brustraum ein Druck
aufbaut. Die Atmung kann dabei immer höher rutschen, bis sie auch

unseren Kehlkopf beeinträchtigt, der so seinen natürlichen Sitz verliert. Unsere Stimmbänder liegen genau dahinter und werden folglich ebenfalls negativ beeinflusst. Nichts ist dann mehr am rechten Platz.

Eine unbewusste und nur noch im Brustraum stattfindende Atmung hat Auswirkungen auf den ganzen Körper. Andauernde Brustatmung geht einher mit dem automatischen Hochziehen der Schultern, dies wiederum verspannt die Nackenmuskulatur und verursacht dann beispielsweise Kopfschmerzen. Doch richtige oder falsche Atmung hat über die physischen und physiologischen Reaktionen hinaus wiederum Auswirkungen auf deinen Körper.

Die Atmung ist die zentrale Steuerung unseres Körpers. Auch gelangt bei der unvollständigen Brustatmung nicht genügend Sauerstoff in unsere Zellen; dieser Mangel kann zu Müdigkeit, Kraftlosigkeit und zu einer schlechteren Gemütsverfassung führen. Sauerstoff ist unser wichtigster Treibstoff und sollte schnell und effizient in unseren Organismus transportiert werden. Über den Atemzug sollte er tief in deine Lungen gelangen, um von dort über den Blutkreislauf deine Zellen zu erreichen, damit diese ihre Arbeit optimal verrichten können.

Eine Korrektur der Atmung löst bei meiner Arbeit oft die ersten festgerosteten Zahnräder und sorgt für mehr Freiheit, Klarheit und Wohlbefinden. Nicht wenige Klienten fangen an zu weinen, weil sie plötzlich intensiv spüren, dass sie wieder durch ihren gesamten Körper atmen können. Über Jahre aufgebauter Druck und Spannung lösen sich, sie können auf einmal wieder durchatmen.

All dies erklärt sicher deutlich, warum ich mit meinen Klienten jede Stunde grundsätzlich mit Übungen zur Atmung beginne. Ohne vollständige gesunde Atmung kein zentrierter Sitz im Bauch, dadurch keine Ruhe und Entspannung, keine gut sitzende und kräftige Stimme, weniger Ausstrahlung und somit eingeschränkte Möglichkeiten, sich auszudrücken.

Dazu noch eine Anekdote meiner lieben Freundin, Erfolgscoach Sabine Asgodom. Vor vielen Jahren hatte sie ein Erlebnis, das sie nutzt, um den Menschen die Wichtigkeit der Atmung bewusst zu machen: Eines Tages stand Sabine wieder einmal auf der Bühne und hielt einen Vortrag. Inhaltlich war sie wie immer ausgesprochen stark, nur ihre Stimme wollte in diesem Moment nicht so richtig mitspielen. Ein aufmerksamer Beobachter sprach sie darauf an und wies sie auf die Wichtigkeit der Bauchatmung hin. Sabine entgegnete, dass sie doch nicht in den Bauch atmen könne, man habe ihr schließlich beigebracht, den Bauch einzuziehen, um schlanker zu wirken. Ein Verhalten, das ich auch bei vielen meiner Kundinnen beobachte. Sabine änderte daraufhin diese Angewohnheit.

Deine Körpermitte ist dein Bauch. Er ist das Zentrum deines Körpers. Wenn man seine Mitte im Leben finden will, muss man den Treibstoff des Lebens, nämlich Sauerstoff, demnach zur Mitte bringen. Den Weg zurück zu dir und deiner Atmung zu finden ist der Grundstein für die Arbeit an deiner Stimme. Dieser Weg ist manchmal kurz und für einige Menschen leicht lösbar, für die meisten aber eher eine Herausforderung, weil sie seit vielen Jahren oder gar Jahrzehnten nur noch in der Brustatmung unterwegs sind. Durch dieses langjährige Eingefahrensein wehrt sich der Körper anfangs, sodass das Überspielen beziehungsweise Neuprogrammieren einige Zeit in Anspruch nimmt und tägliches oder zumindest regelmäßiges Training erfordert. Die gute Nachricht: Eine Minute pro Trainingseinheit reicht! Machbar, oder? Nicht verzagen und so lange üben, bis die Luft wieder da ist, wo sie hingehört: in deinen Bauch. Genauso, wie es mal war, als du klein warst. Wie so oft im Leben: zurück zum Kindsein. Die folgenden Übungen können dir dabei helfen.

BAUCHATMUNG

Ein paar einfache Übungen helfen dir, deine Atmung zu korrigieren und zu deiner Körpermitte zurückzufinden.

Um deine Bauchatmung wieder zum Leben zu erwecken und zu trainieren, möchte ich dir eine Reihe von Atemübungen an die Hand geben, die du so oft wie möglich üben solltest. Sie brauchen nur wenige Sekunden deiner täglichen Aufmerksamkeit, damit sich der Körper schnell wieder an diese angeborene Art der Atmung erinnert. 40-mal sollte man etwas Neues aber schon wiederholen, um es sich zur Gewohnheit werden zu lassen. So kommst du wieder in die so beruhigende und stresserprobte Bauchatmung, die sich besser anfühlt und die Basis für vieles Weitere ist.

ATEMÜBUNG PSCH

Lasse mit der Konsonantenverbindung „PSCH" die Luft ruckartig so lange aus deinem Mund ausströmen, bis sich keine Luft mehr in deinem Bauch befindet; dein Bauch wird flach oder wölbt sich gar nach innen. Dann versuchst du langsam durch die Nase oder den Mund in den Bauch einzuatmen. Der Bauch sollte sich langsam nach vorne wölben, so weißt du, dass du es richtig machst. Stell dir vor, du hast einen Trichter im Bauch. Zuallererst schiebst du langsam die Luft an die Spitze des Trichters, ungefähr auf die Höhe der Gürtelschnalle. Der andere Teil der langsam einströmenden Luft verteilt sich dann im breiteren Teil des Trichters, also im unteren Bauch, bis hoch zum Rippenbogen. Höher sollte die Luft nicht strömen, denn darüber hinaus würde die Brustatmung beginnen.

Um deine neue Atmung leichter überprüfen zu können, kannst du deine Hand auf deinen Unterbauch legen und versuchen, genau dahin zu atmen, wo deine Hand aufliegt. Nun solltest du mehrere Wiederholungen durchführen, denn es dauert eine Weile, bis der Bauch es zulässt, Luft einströmen zu lassen. Viele Menschen sind verkrampft und die Atemweise ist dann so programmiert, dass es ein wenig Zeit braucht, bis sich diese Verkrampfungen gelöst haben und der Körper sich auf die neue Atmung einlässt.

Verstärken kannst du diese Übung, indem du dabei durch einen Strohhalm – der Umwelt zuliebe aus Papier – einatmest. Er hilft dir, die Luft langsam in den Bauch zu schieben.

Die gleiche Übung, mit oder ohne Strohhalm, kannst du auch durchführen, während du flach auf dem Rücken liegst, aber dabei einen Bücherstapel auf den unteren Bauch legst. Auch so kannst du dich selbst überprüfen: Wenn sich der Stapel beim Einatmen hebt und beim Ausatmen senkt, weißt du, dass du alles richtigmachst.

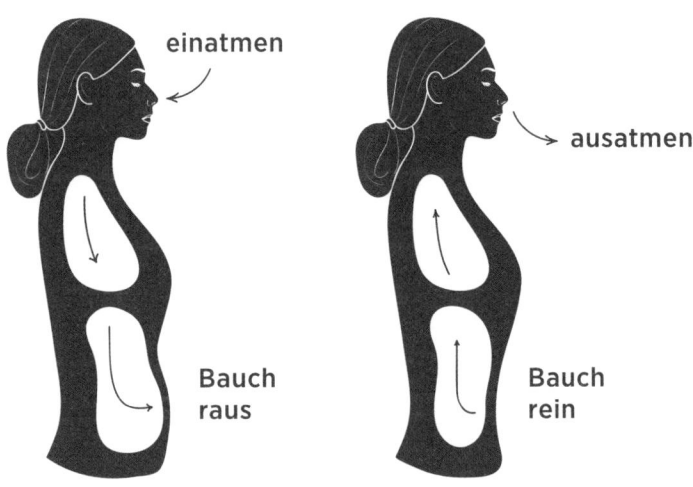

einatmen

ausatmen

Bauch
raus

Bauch
rein

SAFT UND FLUSS:
KONTROLLIERTE ATMUNG

Diese Übung kann dir dabei helfen, eine kontrollierte Atmung zu trainieren. Sie soll dir zeigen, wie du deinen Atem steuern musst, damit deine Stimmbänder das tun, was du von ihnen verlangst. Die Luft steuert deine Stimmbänder.

Beginne damit, dass du, wie in der ersten Übung beschrieben, in den Bauch einatmest und beim Ausatmen den Buchstaben „f" des Wortes „Saft" so lange wie möglich zu halten versuchst. Die Vorderzähne stehen dabei auf der Unterlippe, so entsteht ein „f".

Dieselbe Übung machst du nun mit dem Wort „Fluss". Dieses Mal versuchst du, nur den S-Laut so lange es geht zu halten. Wichtig: konstant und so lange wie es geht, auch wenn es schwerfällt.

Wichtig ist, dass dein Bauch immer vorne bleibt. Drücke ihn während der gesamten Übung raus. Diese Haltung nennt man „Stütze". Die Stütze nicht mit einsinken lassen, während die Luft deinen Körper verlässt. Der entstehende Überdruck nach dem Einatmen kann anfangs etwas gewöhnungsbedürftig sein, aber du wirst sicher schnell damit zurechtkommen. Um dich selbst zu kontrollieren, kannst du die Übung vor dem Spiegel durchführen.

Zu Beginn dieses Trainings hältst du vielleicht 10–20 Sekunden durch, aber schon bald wirst du dich steigern und in Richtung 40 oder gar 60 Sekunden marschieren. Wiederholungen sind der Weg zum Erfolg.

Mein Tipp: Im stressigen Alltag ist es oft der beste Weg, solche Mini-Trainings fest in deinen Tagesablauf zu integrieren. Da du zweimal am Tag die Zähne putzt, ist dieser Moment dafür eine perfekte Gelegenheit. Nachdem du deine Zahnbürste mit Zahncreme vorbereitet hast, lege sie einen Augenblick zur Seite, lege die Hände auf den unteren Teil des Bauchs und dann atme zunächst aus mit „Psch", danach atme in den Bauch auf Höhe der Gürtelschnalle. Dann lasse das Ausatmen mit der Übung „Saft" oder „Fluss" folgen und halte so lange es geht aus. Ganz ruhig, gern mit geschlossenen Augen. Konzentriere dich nur auf dich und auf die ausströmende Luft. Das entspannt und braucht nur ein paar Sekunden. Danach können die Zähne geputzt werden.

Mehr Übungen dazu findest du auf meiner Website
www.gerrit-winter.de

> **Eine ruhige und vollständige Atmung ist die Basis für eine funktionierende und gesunde Stimme. Sie dient außerdem der Entspannung und bringt dich zurück ins Hier und Jetzt. Fokussiere dich wieder auf die Bauchatmung statt auf die Brustatmung.**

04

DER SCHLAFENDE RIESE: DIE STIMME

DAS FUNDAMENT

Zunächst möchte ich mit dir ein paar Fakten zu deiner Stimme teilen. Sie sollen dir als Grundlage für die folgenden Kapitel dienen. Es ist dein Fundament für das Haus, das wir gemeinsam bauen. So kannst du bei Fragen, die vielleicht später auftauchen werden, hierher zurückkehren. Auch wenn wir unsere Stimme jeden Tag und ständig ganz selbstverständlich benutzt, werden dir diese Informationen vielleicht erste Aha-Momente schenken und dir die Dimension und Tragkraft deiner Stimme bewusst machen.

WUSSTEST DU, DASS ...
Hier ein paar Fakten kurz und knapp:

- Du hast zwei Stimmbänder. Sie sind dünn wie Pergamentpapier, äußerst empfindlich und irreparabel.
- Da du zur Geburt nur zwei geschenkt bekommst, solltest du auf sie achtgeben, denn sind sie im Eimer, gibt's keine neuen.
- Die Stimmbänder sind Muskeln und du kannst und sollst sie trainieren wie deinen Po oder deinen Bizeps.
- Deine Stimmbänder sitzen hinter dem Kehlkopf und werden durch ihn geschützt, deshalb bedarf auch er unseres Schutzes.

Schon der Naturwissenschaftler und Evolutionstheoretiker Charles Darwin vertrat die These, dass die lautesten und schönsten Stimmen bei Vögeln das Überleben und die Population sichern. Bei uns Menschen ist dies ähnlich. Denk dabei einfach mal an deinen Alltag im Job. Dort kennen wir das genauso. Wer am lautesten ist, bekommt die meiste Aufmerksamkeit. Doch auch diejenigen, die eher leise sprechen, können die Aufmerksamkeit auf sich ziehen. Wir müssen dazu nur wissen, in welchem Moment wir was zu tun haben, um diesen oder jenen Effekt mit unserer Stimme zu erzielen.

DIE BRUSTSTIMME

Die Bruststimme ist in den allermeisten Fällen unsere Sprechstimme. So sollte es zumindest sein. An der Art und Weise, wie jemand mir auf meine zentrale Startfrage „Wie geht es dir?" antwortet, kann ich meist sofort den Zustand der Stimme und ihren Sitz (so nennt man den Klang) feststellen.

Eine Bruststimme sollte resonieren, wenn du deine Handfläche auf deine Brust legst. Beim Sprechen sollte es dann leicht vibrieren, ebenso rund um deinen Kehlkopf. Zähl doch mal laut von 1 bis 10 und checke den Sitz deiner Stimme. Hast du eine Bruststimme? Falls es nicht funktioniert, checke mal, wie es sich anfühlt, wenn du es bewusst ein wenig tiefer probierst! Oft sprechen Menschen stressbedingt zu hoch. Nicht selten muss man die Bruststimme in ihrer richtigen Lage, also seine „wahre" Stimme, erst entdecken.

DIE KOPFSTIMME

Die Kopfstimme ist eher „dünn" und sitzt gefühlt weiter oben im Kopf. Du kannst leicht in der Kopfstimme reden oder singen, wenn du einfach tonal einen riesigen Sprung nach oben machst. Sprich dazu wie ein Kind oder stell dir vor, du machst eine Katze nach und „miaust" – das ist deine Kopfstimme. Sie resoniert nur wenig bis gar nicht im Körper, lediglich ein wenig im Gesicht.

In den Grundschulen Deutschlands wird diese gerne im Musikunterricht zur Anwendung gebracht. Wenn 30 Kinder mit ihrer Kopfstimme singen und so auch das Singen erlernen, ist dies einerseits für junge Schulkinder völlig normal. Andererseits ist es dann später für den lärmgeplagten Lehrer viel angenehmer, sie genauso mit der Kopfstimme weitersingen zu lassen. Denn was die Lautstärke angeht, klingt auf diese Weise alles filigraner und „süßer", lieblicher. Mit ihrer Bruststimme würden 30 singende Schüler den Raum nämlich mächtig zum Beben bringen. Und eigentlich ist der Gebrauch der Kopfstimme etwas ganz Normales, denn auf dem Weg des Erwachsenwerdens werden Stimmen stärker und somit lauter, sie entwickeln sich auf natürliche Weise. Hierzulande ist dies aber leider meist nicht „erwünscht", es geht darum, alles unter Kontrolle zu behalten. Die Entwicklung der Bruststimme ist jedoch sehr wichtig für die Persönlichkeitsentwicklung der Kinder. Hier nehmen wahrscheinlich die aus Unwissenheit gepflanzten Gedankenmuster wie „Sing nicht so laut!" oder „Stell dich mal weiter nach hinten, du bist zu laut!" ihren Anfang und setzen sich unbewusst in den Gedanken fest. Wenngleich der Wunsch nach einem gedämpfteren Lärmpegel aus Lehrersicht verständlich ist, da sie ja meist vor der Aufgabe stehen, mehrere Musikklassen hintereinander unterrichten zu müssen. Ein Mittelmaß wäre hier für Kinder wichtig, um eine gesunde und kräftige Stimme und ein Gefühl dafür auszubilden.

Der Hinweis auf Deutschland ist wichtig, weil wir das Land der Regeln und Begrenzungen sind, der Höflichkeit, des Anstandes, des Zurücknehmens. In Bezug auf die Stimme wird uns dies später oft zum Verhängnis. Unsere gesellschaftliche Sozialisation spiegelt sich in unseren eher leisen Stimmen wider. Oder hast du schon mal leise und zurückhaltende Latinos oder Südländer erlebt? Temperamentvolle Bruststimmen, so weit das Ohr reicht!

Die Stimme nur in „laut" und „leise" beziehungsweise Kopfstimme und Bruststimme einzuteilen, wäre jedoch zu simpel. Dazwischen liegen verschiedene Bereiche, in denen wir uns stimmlich aufhalten können, sie alle müssen von uns wiederentdeckt werden. Im Alltag nutzen wir die verschiedenen „Dynamiken", so nennt man das Wechseln von Lautstärken, nur selten. Als Kinder benutzen wir sie hingegen oft und zielführend, wenn wir beispielsweise mit Puppen oder Spielfiguren spielen und sie zum Leben erwecken. Wir sprechen dann für sie in Anbetracht der jeweiligen Situation und variieren mit unserer Stimme. Als Erwachsene machen wir das lediglich bewusst beim allabendlichen Vorlesen von Kinderbüchern. Unsere stimmliche Vielfalt liegt unter einer „Einheitsstimme" begraben. Unsere Stimme hat mehrere Farben und sie sollten je nach Situation benutzt werden. Möchtest du deinem Kind sagen, dass du es liebst, braucht es eine andere Stimmfarbe als die, mit der du deinen Hund aufforderst sich zu setzen. Klar! In diesen Situationen gelingt es einem meistens auch, aber dazwischen liegen noch weitere Farben und auch Dynamiken (Lautstärken und Intensitäten), die es zu nutzen gilt. Ein Tuschkasten, in dem es für jeden Fall die richtige Farbe gibt.

STIMME & DYNAMIK

Um dir einen kleinen Auszug aus der Vielfalt der Dynamiken deiner Stimme zu geben, versuche Folgendes:

Übungssatz: „Das Kamerateam hat in Berlin keine Dreherlaubnis erhalten und deshalb wird das Projekt nun in Potsdam gedreht."

Sprich diesen Satz in unterschiedlichen Lautstärken.
- 10 %: sehr leise, kurz vor dem Flüstern
- 50 %: normale Sprechlage
- 100 %: Maximum an Lautstärke, ohne zu schreien

Versuche es auch mit 25 % und 75 %, sodass du die Kontrolle über deine Stimme üben kannst. Wichtig dabei ist, dass du kontrolliert in den Bauch atmest und die Luft so lange im Bauch verbleibt, bis du den Satz beendet hast.

Kontrolliere dich mit deinem Smartphone oder bitte jemanden, die zuvor festgelegte Prozentzahl nach dem Sprechen zu erraten. So kannst du überprüfen, ob du schon genug Sensibilität für dein Organ besitzt.

Meistens ist man sich dieser verschiedenen möglichen Lautstärken gar nicht bewusst. Man kann und sollte sie aber ganz bewusst einsetzen, um sein Gesagtes je nach Kontext zu untermauern. Dieses Bewusstsein wird dir helfen, mehr und mehr ein Gefühl für dich und deine Stimme zu entwickeln.

Um den Tuschkasten stimmlicher Farben richtig zu nutzen, bedarf es einiger Übung, denn wir alle müssen lernen, unsere Stimme „zielgruppenaffin" einzusetzen. Du solltest wissen, wie du mit wem redest, um erfolgreich kommunizieren zu können. Wie schon beschrieben, mit einem Kind redet man anders als mit Kollegen oder seinem Partner, wenn man mit Erfolg zum Ziel kommen möchte. In zwischenmenschlichen Beziehungen ist der unbewusste Einsatz ungünstiger Stimmungen in der Stimme oft ein hoher Konfliktfaktor.

Wichtig ist das Bewusstsein für die Stimmung deiner Stimme. Welches Gefühl drückt sie aus? Wie soll sie beim Gegenüber ankommen? Der gemeinsame Wortstamm „stimm-" ist hier kein Zufall.

Der Sender versendet den Brief und bestimmt, ob die Post ankommt, nicht der Empfänger. Stell dir beispielsweise vor, du möchtest deinem Hund kommunizieren, dass er nicht auf den Teppich pinkeln soll. Dann bringt es nichts, belohnend mit ihm zu sprechen. Es bringt aber auch nichts, ihn so anzubrüllen, dass er aus Angst seiner Blase nochmals freien Lauf lässt. Es sind deine Worte, die die Botschaft senden, und es ist deine Energie dabei, die zählt.

Das Gleiche passiert bei Diskussionen mit deinem Kind, deinem Partner oder bei einer Gehaltsverhandlung. Du musst wissen und dir bewusst darüber sein, was deine Stimme beim Gegenüber bewirkt oder auch „anrichten" kann. Also solltest du bewusst sprechen und die Nuancen kennen, wie man entschlossen, wütend, fordernd, freundlich, bestimmt, humorvoll oder traurig klingt. Dann kannst du diese Emotionen auch aktiv und authentisch nutzen.

STIMME & STIMMUNG

„Das Kamerateam hat in Berlin keine Dreherlaubnis erhalten und deshalb wird das Projekt nun in Potsdam gedreht."

Dieser Satz soll dir erneut als Übungssatz dienen, diesmal um verschiedene Stimmungen zu transportieren. Versuche den Satz in folgenden Gefühlslagen zu sagen:
- humorvoll
- ängstlich
- freundlich
- verkäuferisch
- zurückhaltend
- resignierend

Auch hier: Übung macht den Meister. Es kann hilfreich sein, wenn du dir eine passende Situation vorstellst oder dir einen weiteren passenden Satzteil dazu denkst, der dir hilft, die jeweilige Stimmung zu transportieren. Zum Beispiel „resignierend": („Oh Mann, wie schade!") Das Kamerateam hat in Berlin keine Dreherlaubnis ... usw.
    Versuche auch, die Körperhaltung der Situation entsprechend anzupassen. Es ist schwieriger, dynamisch zu klingen, wenn man auf dem Sofa liegt. Dein Körper und deine Stimme sind eins. Pro-

biere es aus! Bringe dich in die jeweilige Stimmung, damit du den Zusammenhang zwischen Stimme und Stimmung in Gänze erfährst.

Diese Informationen und Übungen sollen dich unterstützen, dich selbst etwas besser kennenzulernen. Sie sollen dir zeigen, was für ein Typ du bist und welches Potenzial in dir steckt. Das Resultat spiegelt nur den Istzustand wider, nicht dein schlummerndes Potenzial. Entfalte es! Schaue dir alles immer wieder an. Höre dir zu.

Neigst du dazu, zu viel Gas zu geben, dann fallen dir 10 Prozent beim Sprechen wahrscheinlich schwer. Bist du ein Mensch, der eher schüchtern ist, dann musst du dich bei 75 Prozent oder gar 100 Prozent ziemlich ins Zeug legen, stimmt's? Bist du eher ein rationaler Typ, dann wird es dir schwerfallen, einfühlsam und weich zu klingen. Bist du hingegen „zu nett" und wirst oft ausgenutzt, wirst du schnell merken, dass jetzt Arbeit vor dir liegt, klar und fordernd zu klingen.

Mit richtigen Gedanken im Kopf, bevor du sprichst, der richtigen Bauchatmung und mit dem Mut, es trotz der Rückschläge beharrlich zu üben, wirst du sehen, dass es keine Typfrage ist, sondern grundsätzlich in uns allen gleich veranlagt ist. Man muss es nur wiederentdecken. Jeder hat seine Stärke, jeder seine Schwäche – wir versuchen, die Lücken zu füllen und das zu finden, was dir ermöglicht, deine Botschaft wie von dir gewünscht korrekt zu senden (Sender-Empfänger-Prinzip).

Ich möchte dich für deine Stimme, deine Fähigkeiten und deine körperlichen Fertigkeiten sensibilisieren. Ich möchte, dass du das, was du aussprechen möchtest, auch genauso sagst, ohne dass dein Körper, deine Zunge, Zähne oder Lippen dich boykottieren.
Dazu dient die Übung auf der folgenden Seite.

DEUTLICHKEIT & AUSSPRACHE

Die Übung soll verdeutlichen, wie schwer es ist, langsam und deutlich zu sprechen. Nur wenigen fällt diese Übung auf Anhieb leicht.

Spreche einmal im normalen Tempo das Wort „Eifersuchtsszene". Jetzt führe dir vor Augen, dass es ein „s-s-z" in der Mitte gibt und du mit großer Wahrscheinlichkeit das zweite „s" nicht deutlich sprichst. In Lautschrift heißt es: EIFERSUCHTS – S – ZENE
Es heißt S-z-ene und nicht S-ene. Wiederhole das Wort so lange, bis du das „s" wirklich zweimal sprichst. Nicht schummeln! Dieses Bewusstsein für die eigene Sprache, für die Aussprache und Kontrolle über deinen Körper, in diesem Fall deinen Mund, wird sich manifestieren.

Im weiteren Verlauf des Buches wirst du immer wieder Übungen finden, die dir helfen, diese oder jene Schwelle zu übertreten. Bis zum Schluss werde ich dir durch Anekdoten und Praxisbeispiele weiter in den imaginären Hintern treten, um dich und dein vorerst stimmliches und dann dein komplettes Potenzial zu entdecken.
Die Basis hast du jetzt: Eine wieder aktivierte Atmung und eine funktionierende Stimme mit ihren Eigenschaften und Funktionen, die nach Erweiterung und Wachstum schreit.

Ich möchte dich motivieren, deine Stimme nicht nur für die Bestellung von Kaffee mit Milch im Café zu nutzen, sondern auch mal für ein „NEIN", um zu mehr Authentizität und Selbstbewusstsein zu gelangen. Ich möchte dir Lust darauf machen, deine innere Stimme im gleichen Atemzug wiederzuentdecken und deine Gesundheit, deinen Job, dein Umfeld und deinen Körper gleich mit auf den Prüfstand zu stellen.

WUSSTEST DU, DASS ...

- Räuspern ist schlecht für die Stimme! Hast du Schleim im Hals und musst dich deswegen räuspern, wird es danach nur schlimmer. Aus Schutz vor dem harten Aufeinanderschlagen deiner Stimmbänder, produzieren diese mehr und mehr Schleim, um sich zu schützen. Wasser hilft!
- Husten ist auch schlecht für die Stimme! Aber es gilt: lieber einmal husten, als sich zwanzigmal zu räuspern.
- Flüstern ist schlecht für die Stimme! Wenn du heiser sein solltest, ist Schweigen die beste Medizin, im Notfall wenig und ganz normal sprechen.
- Stark klimatisierte Räume oder trockene Heizungsluft sind nicht die optimalen Voraussetzungen für deine Stimmbänder. Sie trocknen diese aus.
- Bei Heiserkeit oder nach starker stimmlicher Anstrengung brauchen deine Stimmbänder Ruhe, das bedeutet Schweigen. Mindestens sieben bis acht Stunden Schlaf brauchen sie, um sich zu regenerieren, sonst sind Stimmschäden vorprogrammiert.

Deine Stimme ist nicht nur „eine" Stimme. Du hast verschiedene Färbungen zur Verfügung, die du nutzen solltest. Sie haben den größten Einfluss darauf, wie deine Kommunikation bei deinem Gegenüber ankommt. Trainiere sie und sei dir ihrer Macht bewusst. Deine Stimme ist ein komplexes Meisterwerk, deshalb schütze sie!

05

IN JEDEM STECKT EINE KLEINE WHITNEY

JEDE STIMME IST EINZIGARTIG

Große Stimmen wie die von Whitney Houston, Céline Dion, Mariah Carey, Freddie Mercury, Michael Bolton, Luciano Pavarotti und Andrea Bocelli sind faszinierend. Sie rühren nicht selten zu Tränen oder regen zum Träumen an.

Eine nicht so große oder alltägliche Stimme schafft dies seltener und doch steckt in jedem von uns ein kleiner Bocelli oder eine kleine Whitney. Wir sollten lernen, unsere Selbstzweifel zu überwinden und herauszufinden, was wirklich in uns steckt. Dabei geht es gar nicht um das Singen, sondern um deine Stimme generell. Es bedeutet privat wie geschäftlich, als Busfahrer oder Sekretärin: Finde die Kraft in dir und zeige der Welt, was in dir steckt. Auch du hast eine Stimme, die gehört werden will und muss! Was raus will, sollte raus! Erst einmal egal, wie die Qualität ist.

Es gibt unzählige Beispiele aus dem Showbusiness, die mit eigentlich „merkwürdig" oder „ungewöhnlich" klingenden Stimmen, wie der Volksmund sagt, große Erfolge feiern. Gerade weil sie diese unverkennbare Stimme oder dieses oder jenes stimmliche Merkmal haben. Jeder Mensch ist etwas ganz Besonderes und hat einen Platz in diesem Leben. Zum Beispiel hat Werbeikone Verona Pooth um ihre Stimme herum anfangs eine ganze Karriere aufgebaut. Natürlich kommen auch noch andere Faktoren hinzu, aber ihre Stimme ist stets eines ihrer Markenzeichen gewesen. Auch die Stimmen von Künstlern wie Udo Lindenberg und Herbert Grönemeyer weichen von der Norm ab. Aber sie nutzen das, was sie haben, sie arbeiten damit und geben ihre Botschaften weiter. Auch eine in der ersten Wahrnehmung nicht herausragende Stimme kann uns berühren, wenn sie authentisch das Richtige spricht oder singt.

Egal, ob deine Stimme „groß" oder nicht so groß ist – was und wie du diese aussendest, ist dafür entscheidend, ob du Menschen erreichst oder nicht.

Stimmen sind wie die Natur! Es gibt Strände, Wiesen, Berge, Wälder und Wüsten, Felder, Seen und Eiswüsten. Untergliedert ist beispielsweise der Strand dann nochmals in einen karibischen Strand, Ostseestrand, in Sand oder Kies. Bezogen auf dieses Beispiel stelle dir die Frage: Wer bin ich? Mit der Beantwortung hast du auf den ersten Seiten schon begonnen, denn du hast dich bereits selbst analysiert und bist dir und deinen Fähigkeiten nähergekommen. Jetzt gilt es, zu zeigen, dass du es durch ermutigende Gedanken schaffen kannst, dir mehr und mehr zuzutrauen und deine Möglichkeiten mithilfe deiner Stimme zu nutzen. Hätte Udo Lindenberg versucht, wie Andrea Bocelli zu klingen und umgekehrt, dann hätten wir wahrscheinlich ewig und vergeblich auf Musik der beiden gewartet. Es geht aber um die eigene vorhandene Stimme und darum, das ihr innewohnende Spezifische bestmöglich herauszuholen, dein Maximum, und es resultiert schließlich darin, „dein Ding" freizulegen, dieses Besondere, das dich einzigartig macht.

Finde dich und lege dein Ding frei, ohne dich zu bewerten. Wenn du eine Wiese mit den entsprechenden stimmlichen bunten Wiesen-Merkmalen bist, dann nutze dieses Wiesenpotenzial. Und wenn du ein stimmlicher Ostseestrand bist, dann steh dazu und zeige aller Welt, wie großartig ein Ostseestrand sein kann.

»Die Leute können vielleicht behaupten,
dass ich nicht singen kann,
aber niemand kann behaupten,
dass ich nicht gesungen hätte.«
FLORENCE FOSTER JENKINS

FINDE DEIN DING

Ein paar Beispiele sollen noch einmal verdeutlichen, was ich darunter verstehe, wenn ich dies sage. Nehmen wir einmal unsere Kanzlerin Angela Merkel. Kaum einer hätte wohl damals in der DDR gedacht, dass sie einst eine der mächtigsten Frauen der Politik werden würde. Vielleicht ganz am Anfang nicht einmal sie selbst. Aber da war etwas in ihr, dem sie gefolgt ist. Da war zunächst ihre innere Stimme. Und da war die Stimme, mit der sie gesprochen hat, die sie benutzt und im Einklang mit der ihr innewohnenden Natur trainiert hat. Seit vielen Jahren legt sie „ihr Ding" frei, sie benutzt ihre Stimme, bestimmt damit die Politik eines ganzen Landes und beeinflusst die Weltpolitik. Analysiert man nun ihre rein faktischen sprachlichen Fähigkeiten, ist sie nicht unbedingt das, was man als „perfekt" bezeichnen würde, und musste dafür sogar schon viel Spott und Häme einstecken. Dennoch nutzt sie das, was sie hat, abgestimmt auf ihre Natur, wird dadurch im Ergebnis kraftvoll und hat es damit sehr weit gebracht. Hätte sie sich immer nur darauf konzentriert, was noch nicht so funktioniert, wäre ihre Botschaft wahrscheinlich verloren gegangen.

Oder nehmen wir den ehemaligen Präsidenten der Vereinigten Staaten von Amerika, Barack Obama. Auch er ist ein exzellenter Redner geworden und war dies gewiss nicht von Anfang an, sondern hat dies trainiert, genau wie jeder andere gute Redner. Seine Natur ist natürlich eine ganz andere als die von Angela Merkel, doch getan haben beide letztlich das Gleiche: die ihnen innewohnende Stimme auf ihre ganz individuelle Weise genutzt. Und so schaffte es auch Obama, scheinbar unüberwindbare Hürden zu meistern, die noch nie jemand zuvor gemeistert hatte: Er wurde der erste nicht weiße Präsident der USA und damit der mächtigste Mann der Welt. Er nutzte seine Stimme und Botschaft auf die zu seiner Natur passende Weise. Er nutzte das, was er hatte, statt sich mit dem aufzuhalten, was er nicht hatte. Er machte „sein Ding", das in ihm geschlummert hatte, er tat es einfach.

»One voice can change a room.
And if one voice can change a room,
then it can change a city, and if it can change a city,
it can change a state, and if it can change a state,
it can change a nation, and if it can change a nation,
it can change the world.
Your voice can change the world!«
BARACK OBAMA

Benutze deine Stimme, um dein „Ding" rauszulassen. Da, wo besondere Situationen herrschen, genau da kann deine Stimme und können deine Worte zu einer Brücke für die Nachwelt werden. Eine Stimme überlebt und kann den Verlauf der Geschichte nachträglich beeinflussen.

Es gibt so viele Stimmen, die den Verlauf der Geschichte verändert haben. Erinnerst du dich an die Worte, die beim Betreten des Mondes gesprochen wurden? – „One small step for a man, a giant leap for mankind!" Ich glaube nicht, dass Neil Armstrong diese Worte und ihre Tragweite in diesem Moment so bewusst waren. In uns lösen sie noch heute einen Gänsehaut-Moment aus. Die großen Stimmen großer Redner wie Mahatma Gandhi, Nelson Mandela und Martin Luther King veränderten die ganze Welt. Kings „I have a dream!" erreichte weltweite Bekanntheit und steht bis heute für den Wunsch nach Gleichberechtigung zwischen Schwarz und Weiß. Es schlummert in jedem dieses „Ding".

Man muss sein eigenes Ding wieder freilegen, es ist da irgendwo begraben unter den Zweifeln und Ängsten. Was du brauchst, ist der Mut, diese Stimme wieder rauszulassen. Je kleiner die Angst zu versagen, desto größer die Resonanz mit anderen. Dann löst sich die Mauer der Angst zwischen dir und den Menschen vor dir nach und nach auf und es entsteht Energie.

Nicht immer ist eine Stimme oder ein Wort so mächtig oder so kraftvoll wie bei geschichtsträchtigen Ereignissen, aber auch ein vermeintlich kleines Wort eines Kindes kann etwas verändern, so hat es uns die Geschichte oder unsere jüngste Vergangenheit schon oft gelehrt.

Eine gesprochene oder gesungene Botschaft kann sich in unseren Kopf einbrennen, positiv und negativ. Sie kann uns prägen oder auch nerven, wie zum Beispiel ein Ohrwurm. Egal, ob dieser Ohrwurm uns nervt, irgendeine Botschaft des Ohrwurms „klickt" so mit uns, dass er einfach nicht gehen mag.

Ein Stimmcoach kann dir helfen zu lernen, gut, gesund, authentisch und eindrucksvoll zu sprechen oder zu singen. Aber wichtig ist auch, dass du es selbst schaffst, deine Botschaft zu finden. Was hast du der Welt zu sagen? Wenn du weißt, was du verkaufen willst, dann muss es so formuliert sein, dass der andere es versteht. Dann werden Menschen auf dich reagieren, dich hören und sehen, weil sie mit dir „klicken", sie gehen mit dir in Resonanz!

Was glaubst du, weshalb es im Stadion Fangesänge gibt oder Menschen applaudieren, wenn jemand seinen Job auf der Bühne gut gemacht hat? Man resoniert, Energie wird zwischen den Menschen freigesetzt. Es entsteht dadurch, dass man etwas von sich preisgibt und andere diese Botschaft empfangen. Berührt dich ein Lied, dann tanzt, singst oder weinst du – oder du machst es aus, falls es dich nicht in diesem Sinne berührt. In jedem Falle aber macht es etwas mit dir! Es resoniert!

Ein gutes Konzert ist es dann, wenn der Künstler mit dem Publikum so in Resonanz geht, dass er es begeistert und diese Begeisterung resoniert. Eine gute Deutschstunde ist es, wenn der Lehrer die Schüler erreicht und die Schüler den Lehrer wirklich „sehen", weil dieser nicht nur seinen Lehrplan durchzieht, sondern mit seinem Lehrstoff zu ihnen durchdringt. Ein gutes Meeting ist ein gutes Meeting, wenn man gehört und wahrgenommen wurde.

Erkenne die Möglichkeiten in dir! Finde heraus, was du deinem Umfeld oder der Welt sagen willst! Werde dir darüber bewusst, was deine Botschaft ist!

Das Leben
birgt
eine Menge
Potenzial
und zeigt dir
immer wieder,
welche
Möglichkeiten
es gibt,
du selbst
zu sein!

06

ENERGE-TISCHES PINGPONG: RESONANZ

STIMMEN VERBINDEN

Die Stimme verbindet Menschen ganz besonders. Sie kann berühren. Seelenstriptease nenne ich es, wenn man beim Singen oder bei einer Rede tief in die Seele einer Person schauen kann. Die Worte, die eine Stimme spricht oder singt, sind mehr als nur Worte, wenn sie authentisch und ernst gemeint sind. Schnell merkt man: Dieser Mensch ist seine Stimme. Er benutzt sie nicht nur einfach so. Mit Musik als kleiner Hilfe ist der Zugang zum Gegenüber meist noch ein wenig leichter, weil sie die Emotion nochmals untermauert.

Jede ZDF Hitparade verbrachte ich als kleiner Junge damit, unter unserem Couchtisch zu liegen und Matthias Reim, Romina und Albano Power und allen anderen Interpreten zuzuhören. Die Showbranche hatte es mir von Anfang an angetan und mein Weg war vorgezeichnet. Jedes Wort von Uwe Hübner, jede gesungene Note oder jede Performance der Künstler und jedes Scheinwerferlicht zogen mich in ihren Bann. Resonanz!

Jeden Tag meiner Kindheit verbrachte ich mit Musik und Singen und fühlte mich dabei frei und großartig. In meiner Pubertät hatte ich jedoch plötzlich ein Problem mich öffentlich zu zeigen, denn Resonanz funktioniert auch im negativen Sinne. Ich realisierte, dass ich mit meinem Interesse an Musik auch als Außenseiter gesehen wurde, denn die meisten anderen Kinder hatten andere Hobbys. Ich konnte nicht mehr unbeschwert vor Leuten auftreten und sang nur noch für mich allein. Als ich 17 Jahre alt war, ließ ich einmal aus Versehen mein Fenster offen und da ich anscheinend ganz gut sang, versammelten sich Nachbarn auf der Straße, um mir zuzuhören. Das tat gut, aber es war schwierig für mich, die positive Resonanz anzunehmen. Dennoch ließ ich immer wieder das Fenster offen, weil ich den Beifall der Nachbarn natürlich auch genoss, dies jedoch nur mit ordentlichem Sicherheitsabstand zu meinem

Publikum. Mehr habe ich mir zunächst nicht zugetraut. Die Angst, zu versagen, war zu groß.

Gott sei Dank birgt das Leben eine Menge Potenzial und öffnet immer wieder Möglichkeiten, du selbst zu werden. Es bedarf manchmal eines einzigen besonderen Moments, um dich wieder erkennen zu lassen: Das ist das, was ich sein will – das ist MEIN DING. Bei mir geschah dies mit 17, nach einem Konzert von Whitney Houston.

Zum ersten Mal war ich im Jahr 1999 auf einem ihrer Konzerte in Berlin. Es traf mich wie ein Schlag, als ich ihren größten Hit „I will always love you" hörte. Dieser Moment, bevor sie ansetzt, um die große Note zu singen. Das war Resonanz in Perfektion. Ihre Stimme drang in jeden Millimeter dieses Stadions. Und dort, inmitten von 15.000 Menschen, hörte ich auch wieder meine eigene Stimme: „Das willst du auch schaffen. Das ist es, was du machen willst!" Dieser Moment veränderte alles in meinem Leben. Wieder war es eine Stimme. Ihre Stimme.

> **»God gave me a voice to sing with**
> **and when you have that,**
> **what other gimmick is there?«**
> WHITNEY HOUSTON

Whitney Houston hatte wahrhaftig eine Stimme und nutzte sie großartig. Ihre Mutter hat in einem Interview einmal gesagt, der Grund, weshalb Whitney so singen konnte, war, dass sie keine Angst hatte, dafür kritisiert zu werden, und somit stimmlich über sich hinauswachsen konnte. Sie hatte das Singen in der Kirche gelernt. Und in der Kirche galt: Der liebe Gott kennt keine schiefen Töne. Das war ihre gedankliche Basis. Also sang sie ohne Angst – voller Hingabe. Eines meiner absoluten Lieblingsworte: Hingabe. Sie übte und sang, denn es gab nichts, an dem sie scheitern konnte. Ich kann mir nur zu gut vorstellen, wie schlimm es für sie gewesen sein muss, als man kurz vor ihrem Tod ihre Gabe kritisierte. Es brach ihr im wahrsten Sinn des Wortes das Herz. Die Welt verlor kurz darauf THE VOICE (so ihr Branchenname) und ich meine größte musikalische Inspiration und erste „Gesangslehrerin", denn mit ihr hatte ich von dem Konzert 1999 an täglich geübt.

DIE STIMMEN DES INTERNETS

Beim Blick in die Social Media kann manchmal der Eindruck entstehen, dass diejenigen, die sich am meisten zur Schau stellen, am besten zu schnellem Erfolg kommen. Dass eine große Zahl an Followern beispielsweise auf einem Instagramprofil auch erkauft sein kann, wird immer wieder gerne ausgeblendet. So können Welten suggeriert werden, die nicht echt sind, uns aber dennoch stark beeinflussen.

Doch wirklich erfolgreich werden letztlich die Menschen sein, die authentisch sind, denn eine leere Hülle bleibt leer und kann den Schein nicht lange aufrechterhalten. Sie muss ganz einfach gefüllt werden, um echt zu strahlen. Mit Leben. Mit Menschen. Mit den Dingen, die es schon vor Facebook und Instagram gab. Bevor Influencer und Hashtags das Leben bestimmten. Denn diese Dinge sind unersetzlich: ein echtes Gespräch, Musik, Tanz und Gesang, lebendige Unterhaltung jeglicher Art – ganz ohne WLAN im Restaurant oder in einer Bar. Begegnungen mit Menschen. Mit echten Stimmen, die antworten und miteinander in Resonanz gehen, mit dir und deinem Gesagten.

DER SPRECHENDE SONG

Jeder weiß, wie es ist, einen Ohrwurm zu haben. Ich gehe sogar so weit zu sagen, dass Ohrwürmer einem Menschen oft etwas über sich selbst verraten. Schreibe dir also deinen nächsten Ohrwurm einfach mal auf.

1. Text

Worum geht es in dem Song? Was ist seine Message? Was ist seine Botschaft? Was will er dem Zuhörer sagen? Ist der Song eher poppig und so geschrieben, wie man spricht? Oder sehr lyrisch wie ein Gedicht? Übersetze dir den Text im Internet oder drucke ihn aus, falls du ihn schnell gesungen nicht so gut verstehen solltest.

2. Musik und Melodie

Wie ist die Melodie? Eintönig oder rasant wechselnd mit vielen Tönen? Große und dramatische Bögen oder kleine einfache, leicht singbare Fragmente? Ist die Melodie traurig und melancholisch oder anregend und freudig? Wie ist die Instrumentierung? Großes dramatisches Orchester, eine Band oder nur eine leise Gitarre oder ein Klavier? In welches Genre würdest du diese Musik einordnen? Pop, Rock, Heavy Metal, Klassik, Schlager, Jazz? Ist es eine große Liebesballade oder ein eingängiger Popsong?

3. Stimme und Stimmung

Wie wirkt die Stimme der Sängerin oder des Sängers auf dich? Was bewegt dieses Lied in dir? Gänsehaut? Traurigkeit? Hoffnung? Lebensfreude? Ruhe und Entspannung? Wut und Enttäuschung? Was fühlst du, wenn du zuhörst? Was bewegt dich an dieser Stimme? Ist sie laut und schrill und würdest du am liebsten laut mitschreien und tust es vielleicht auch? Oder ist sie eher soft und flüstert in dein Ohr?

Musik bewegt uns. Du kannst anhand dieser Übung herausfinden, was dich momentan bewegt. Dein Körper reagiert nicht umsonst auf den einen Song. Nicht immer gibt es eine tiefenpsychologische Deutung, doch es lässt sich ein wenig mehr Licht ins Dunkel bringen und man kann herausfinden, wo der eigene Kompass emotional ausschlägt. Im größten Liebeskummer einen Herzschmerzsong zu hören, wundert uns nicht mehr, das nehmen wir so hin. Passiv. Irgendwann geht's dann wieder aufwärts und wir hören einen anderen zu unserer Stimmung passenden Song. Aber wenn sich so ein Ohrwurm festsetzt, will er dir vielleicht etwas sagen.

WAS BEWEGT DICH?

Welcher Song bewegt dich?

_____

_____

_____

Welche Menschen inspirieren dich?

_____

_____

_____

Welche Filme oder Filmszenen
sind dir im Kopf geblieben?

_____

_____

_____

**Erinnerst du dich an Worte
von Personen, die bis heute noch
wie Musik in deinen Ohren klingen?**

_____

_____

Was haben sie dir gesagt?

_____

_____

**Welches Zitat oder welcher
Postkartenspruch berührt dich?**

_____

_____

_____

Gehe auf die Suche und mache dir bewusst, mit wem und was in deiner Umgebung du in Resonanz gehst! Es ist mehr, als du denkst, und überall um dich herum. Es gibt so viel, das dich inspirieren kann.

07

DIE LAUTE WELT UND DIE LEISE INNERE STIMME

DIE
URSPRÜNGLICHE
WEISHEIT
IST
INTUITION,
WÄHREND ALLES
SPÄTERE
WISSEN
ANGELERNT
IST.

RALPH
WALDO EMERSON

DEINE INNERE STIMME

Das erwähnte „Ding" ist unsere innere Stimme. Denn in Wahrheit ist sie es, die zu uns spricht. Wann hast du das letzte Mal auf deine innere Stimme gehört? Manchmal muss man ganz leise sein, um sie zu hören, und oft sagt sie dir in Form des Bauchgefühls ziemlich genau, was dich erwartet. Manchmal ist sie auch gar nicht mehr zu hören. Still. Scheinbar weg. Obwohl sie eigentlich immer da ist, nur nehmen wir sie oft nicht wahr oder folgen ihrem Impuls nicht (mehr). Meistens geschieht dies aus Angst oder durch falsche Vorbilder, weil wir nicht versagen wollen oder weil unsere Erziehung und andere Regeln es uns verbieten, das Echo ist zu laut.

Kinder und Tiere zum Beispiel wissen intuitiv ganz genau, was sie wollen. Sie nehmen ungefiltert wahr, sind im Kontakt mit sich selbst und wissen genau, zu wem sie gehen wollen oder lieber nicht. Sie kennen ja kein „Das gehört sich so!", bis wir es ihnen beibringen. Achte darauf, wenn du das nächste Mal in solch einer Situation mit einem kleinen Kind bist. Du wirst entdecken, dass Kinder ihrer inneren Stimme erstaunlich gut folgen. Davon könnten wir uns eine dicke Scheibe abschneiden.

Denkst du jetzt voller Panik darüber nach, dass du deine innere Stimme tatsächlich überhaupt nicht hörst? Falls ja, entspanne dich! Dies ist in Deutschland und vielen anderen westlich geprägten Ländern weitverbreitet und sozusagen eine Art Volkskrankheit. Sogar weltweit breitet sich das Nichthören der inneren Stimme immer weiter aus. Das ist kein Wunder, denn die Gesellschaftsstruktur, wirtschaftliche Interessen, die Digitalisierung, schlicht der Lauf der Welt – all dies trägt dazu bei, dass wir sie überhören. Die Welt ist einfach zu laut.

Während meines Schulpraktikums in der elften Klasse in einem Tonstudio, kurz nach dem Konzertbesuch in Berlin, hörte und fühlte ich meine innere Stimme mehr als zuvor. „Du bist hier richtig!", sagte mir die Stimme in mir. Ich spürte, dass das irgendwie meiner DNA am nächsten kam. Es fühlte sich gut an und ich wusste, ich wollte genau das hier. Meine Mutter hatte den beiden Betreibern des Tonstudios gesteckt, dass es mein größter Wunsch sei, Sänger zu werden. Zu meiner größten Freude durfte ich zum Ende des Praktikums auch eine CD aufnehmen. Sogleich war es um mich geschehen und ich fühlte und hörte diese innere Stimme schreien: Das ist deine Berufung! Sogar in der Schule traute ich mich, diese erste CD in meinem Kurs vorzustellen. Ich zeigte mich. Auch hier bekam ich Wertschätzung und Beachtung. Das hatte es bis dato so gut wie nie gegeben.

Ich hatte meinen heiligen Gral gefunden. Und was das Größte war, meine Unsicherheit, meine Ängste – alles verschwand mehr und mehr. Es war meine Stimme, die mir und der Welt da draußen zeigte, dass es mich gab!

Wenn du dich jetzt fragst, wie du denn nun den ersten Schritt machen kannst, deine innere Stimme wiederzufinden, dann ist es ganz wichtig für dich zu wissen, dass es natürlich kein Patentrezept gibt, denn so wie jeder Mensch verschieden ist, so benötigt auch jeder Mensch unterschiedliche Impulse, um den Einstieg zu finden. Doch vier kleine Hilfen möchte ich dir hier vorstellen. Denn natürlich kann es sein, dass etwas davon auch dir auf dem Weg hin zur Wiederentdeckung deiner inneren Stimme dient oder dir eine Anregung für etwas Ähnliches ist, das du dafür benötigst.

1. Menschen

Das Allerwichtigste sind Menschen, die dir helfen, dein Potenzial auszuschöpfen und dich wachsen sehen wollen. Das können Freunde oder deine Familie sein, aber auch fremde Menschen, deren Einschätzungen den Nagel nach wenigen Minuten auf den Kopf treffen. Weise Menschen, Wegweiser, Mentoren. Deshalb kann ich nur jedem ans Herz legen, sich mit Menschen zu umgeben, die einen emporheben und nicht nach unten ziehen. Genau da hört es mehr und mehr auf mit der Selbstkritik, den Ängsten, den Grenzen und Limitationen, denn man sieht, wie viele wunderbare Möglichkeiten sich bieten, weil andere Menschen sie einem aufzeigen. Wenn du Menschen zu 100 Prozent vertraust und sicher bist, sie lieben oder erkennen dich, dann kann es auch sein, dass sie deine Stimme hören, noch bevor du sie hörst. Meine Mutter hörte meine Stimme, die äußere und die innere, und verschaffte mir den Praktikumsplatz im Tonstudio.

2. Stille

Mehrtägige Klosterbesuche können zu innerem Frieden und Ruhe führen. Du wirst im Kloster dazu gezwungen, still zu sein, um zu fühlen und zu hören, was du wirklich willst. Hier hast du Zeit zur inneren Einkehr. Auch ein Kirchenbesuch kann manchmal schon ausreichen. Seit mehr als 2000 Jahren kommen die Menschen dorthin, um zu beten, zu schweigen oder auch zu singen. Nicht selten haben diese spirituellen Orte die Macht, uns dabei zu helfen, unsere innere Stimme zu finden.

3. Musik

Wenn du Musik hörst, vor allen Dingen in deiner Muttersprache, wirst du merken, wie sich dein Körper an bestimmten Stellen „zu Wort" meldet. Wenn du aktiv zuhörst (kein Radio beim Autofahren), sondern dir wirklich den Moment nimmst, um zuzuhören, dann zeigt dir dein Körper garantiert bei bestimmten Textzeilen und Worten Reaktionen, zum Beispiel eine Gänsehaut oder Tränen in den Augen. Dann weißt du, da redet dein Inneres mit dir und will dich auf Sehnsüchte oder Ängste hinweisen. Höre zu!

4. Extremerfahrungen

Für die inneren Stimmen, die unter Extremsituationen extrem verschüttet wurden, braucht es Extremerfahrungen, um sie wiederzufinden. Ich lief zum Beispiel mit 28 den berühmten Jakobsweg. Solche Erfahrungen bewirken oft, dass du dich wirklich kennenlernst. In ihnen bist du pur, allein und kaum gesellschaftlichen Normen ausgesetzt. Sie machen dein zuvor viel zu volles Glas erst mal leer und dann bist du aufgefordert, dein Glas nur mit dem zu befüllen, was du darin haben möchtest, damit deine innere und „äußere" Stimme nicht wieder verschüttet werden. Weitere Erfahrungen können beispielsweise ein mehrwöchiger Rucksacktrip durch Indien oder die Arbeit auf einer Elefantenfarm irgendwo in Afrika sein. Hauptsache weg und raus.

Am Ende ist alles gut, was dich aus deinem Alltag holt und zu neuen Ufern trägt. Das kann auch eine regelmäßige Wanderung mit deinem Hund in der Natur sein. Das Wichtigste ist, dass du dich mit Wunsch und Willen auf die Suche nach deinem Innersten machst und fest vorhast, wieder selbstbestimmt durch dein Leben zu gehen. Sensibilisiere dich für deine innere Stimme. Sie haucht dir Leben ein. Durch sie kannst du anfangen, dich wieder zu spüren.

DEIN INNERER KOMPASS

Was machst du mit dem,
was deine innere Stimme dir erzählt?

_____

_____

_____

Was sagt deine innere Stimme?

_____

_____

_____

_____

Hörst du ihr zu?

_____

DAS MAMMUT ELLIE

Was passieren kann, wenn wir uns weiterhin immer nur auf die Stimmen von außen konzentrieren und uns selbst nicht mehr zuhören, zuschauen und uns nicht mehr wahrnehmen, wird an folgender kleinen schönen Geschichte deutlich.

Kennst du die Geschichte von Ellie – der Frau des melancholischen Mammuts Manni aus dem Kinoerfolg „Ice Age"? Mammutdame Ellie hatte ihr bisheriges Leben mit einer Opossum-Familie gelebt und hing wie sie mit ihrem tonnenschweren Körper an Bäumen, da sie ja schließlich mit den Opossums großgeworden war. Sie hatte dieses Verhalten adaptiert und hielt es für normal. Und so war es für sie selbstverständlich, da am Baum zu hängen, sie kannte es ja nicht anders. Bis sie Manni begegnete. Manni zeigte ihr, dass sie als Mammut eigentlich nicht an und auf den Baum gehörte. Er half ihr zu erkennen, dass in ihr etwas ganz anderes steckte, als sie selbst glaubte.

Hast du genug Mannis um dich herum? Menschen, die dich sehen, dich erkennen und dir helfen, sichtbar zu werden? Den Gedanken, dass man selbst „nicht richtig" ist, hatte wohl jeder schon in seinem Leben. Je nach Umfeld, Schulsystem, Pubertät und bestimmten Familienstrukturen mehr oder weniger. Man fühlt sich deplatziert und unter Beobachtung. Manche brechen aus und gehen in Extreme, fühlen sich dann gewissen Gruppen oder Strukturen zugehörig, um dem Konformen zu entfliehen, manche ergeben sich dem selbst auferlegten Schicksal. Mobbing und Isolation sind oft die fatalen Folgen, weil es so eben doch nicht passt. Genau dort beginnen die Anpassung und das Verstummen – oft der Prozess, um irgendwie durchzukommen und zu überleben. Doch die Lösung für ein ganzes Leben ist das natürlich nicht. Irgendwann muss man zurück. Zurück zu dem Punkt, wo all das verloren ging, denn sonst bleibt alles für ewig weggesperrt.

Genau ab dem Zeitpunkt, ab dem du die Wahl hast, dich mit Menschen zu umgeben, die deine innere Stimme wahrnehmen und dich ermutigen, das zu tun, was du dich nie getraut hast, oder mit denen, die dich permanent klein- und schwachmachen – genau da beginnt die eigentliche Heldenreise. Deine Heldenreise.

> »Man kann einen Menschen nichts lehren;
> man kann ihm nur helfen, es in sich selbst zu finden.«
> GALILEO GALILEI

Geh auf die Suche nach deinem Bauchgefühl. Vertraue deiner inneren Stimme. Vergiss das, was sich angeblich „so gehört" und mach das, wonach dir wirklich ist! Suche Menschen, die dich dabei unterstützen.

08

HELDEN-REISE: DAS WAHRE LEBEN RUFT

NUR MUT – DIE WELT RUFT

Jeder Mensch sollte der Held in seinem eigenen Leben sein. Und jeder Mensch sollte seine eigene Heldenreise antreten. Doch was ist eine Heldenreise?

Eine Heldenreise ist für mich die Achterbahnfahrt des Lebens bis ins Jetzt. Jede ist ganz individuell. Deine Heldenreise macht dich zu dem Menschen, der du bist. Alle Stopps, egal, ob oben ganz nah am Himmel oder im Tal mit kürzeren oder längeren Aufenthalten, definieren deine Heldenreise.

Ich möchte dir am Beispiel meiner Heldenreise zeigen, dass vieles in meinem Leben wahrscheinlich so oder ähnlich gewiss auch in deinem Leben stattgefunden hat. Die Art, wie ich Herausforderungen gemeistert oder Fehler gemacht habe und aus ihnen lernte, steht sinnbildlich für das, was vielleicht auch in deinem Leben gerade ansteht oder bereits stattgefunden hat. Meine Geschichte soll dir Mut und Hoffnung geben, wenn du denkst, es geht gerade nicht weiter. Sie soll dir die berühmten Aha-Momente schenken, die dann in mögliche Lösungen und Bewältigungsoptionen münden können.

Natürlich beginnt jede Heldenreise an einem anderen Punkt. Ich definiere den Startpunkt so: Es ist der Punkt – nach deiner Kindheit –, an dem du merkst, dass es Zeit ist, dich und deine innere Stimme wiederzuentdecken, egal, in welchem Alter. Die Erkenntnis muss noch nicht in Gänze da sein, sondern es geht darum, einfach zu merken: Da ist etwas in mir, da ist mehr in mir. Ein „Ding", eine Stimme, ein Bauchgefühl, eine Intuition, das Universum, das spricht, oder was auch immer. Häufig können wir dies ja gar nicht genau benennen, es wabert vage in unserem Leben und ist erst mal tatsächlich so ein „Ding", das einfach in uns ist, ohne dass wir konkret etwas darüber sagen könnten. Doch lass dich deshalb nicht entmutigen.

Nimm es als Signal, dass die Zeit gekommen ist, etwas zu verändern. Das Wichtigste wird sein, einfach zu beginnen. Alles andere wächst dann Stück für Stück heran. Irgendwann wirst du deinem „Ding" einen ganz konkreten Namen geben können und es stellt sich als deine innere Stimme vor, die zurückgekehrt ist.

Bei mir fing es, wie beschrieben, mit Whitney Houston an. Ich begann, mich auf den Lebensweg als Künstler zu machen. Ich lernte, was es heißt, Künstler, Sänger oder Songwriter zu sein, Kunst zu interpretieren, Menschen vor der Bühne zu begeistern und einem Ruf zu folgen. Zum Glück habe ich damals in meiner Gesangslehrerin eine Seelenverwandte getroffen, die ähnlich wie meine Mutter mein Potenzial erkannte und mir zur Seite stand. Nach meinen ersten Studioaufnahmen während des Praktikums kontaktierte ich sie, um nach ihrer Meinung zu meinem Vorhaben, nun Karriere machen zu wollen, zu fragen. Ehrlich, aber liebevoll ließ sie mich wissen, dass ich erst mal an mir und meiner Stimme arbeiten müsse, und bot mir an, mich in die Gruppe ihrer Schüler aufzunehmen. Silke Neumann gehört bis heute zu den Menschen, die mich am meisten geprägt haben. Sie förderte und forderte mich, nahm mir nicht nur die stimmlichen Limitationen, die ich mir selbst auferlegt hatte, sondern auch, was viel wichtiger ist, die Limitationen, die sich in meinem Geist, im Kopf ausgebreitet hatten. Sie stachelte mich ständig an, „höher, schneller und weiter" zu denken. Kein Wunder, sie hatte kurz zuvor in den USA gelebt und studiert und sich dort eine andere Denkweise angeeignet. Ich erinnere mich noch genau an unseren Unterricht: Ständig zweifelte ich an mir und verweigerte diesen oder jenen Song, diese oder jene Gesangsübung und behauptete, das sei mir zu hoch. Schnell aber lernte ich, die mir selbst auferlegten Limitationen zu durchbrechen. Ein „zu" gab es bei ihr nicht, und das habe ich bei allen Schülern, die ich heute selbst coache, übernommen. Weg mit „zu"! Wie oft sagt man:
„Ich bin zu langsam!"

„Das ist zu schwer für mich!"
„Das ist zu sexy! Das ist zu teuer für mich!"

Weg damit! Achte einmal darauf, wie oft am Tag du dieses Wort in einem ähnlichen Zusammenhang sagst und dich damit abwertest. Bei Silke gab es kein „zu". Eine solche Mentorin wünsche ich jedem Menschen, egal, aus welchem Lebensabschnitt er oder sie gerade kommt. Silke half mir nach meiner Schulzeit zu verstehen, dass es kein Problem war, dass ich andere Interessen als meine Mitschüler hatte, ich sei damit weder besser noch schlechter. Ich hatte einfach nur andere Interessen, und es war okay, diesen zu folgen.

Ich konnte immer schon besser mit Älteren reden. Silke war damals 27, ich 17. Bis heute habe ich fast ausschließlich ältere Freunde. Silke überzeugte mich sogar, meine so gehasste Schulzeit mit einem Auftritt bei der Abiturentlassungsfeier abzuschließen. Und ich tat es. Ich sang. Zum allerersten Mal nach 13 Jahren empfundener Schmach. Zu meiner absoluten Verwunderung standen tatsächlich alle Anwesenden auf, nicht nur mein Jahrgang, auch jüngere Jahrgänge, Eltern und Lehrer, es gab Standing Ovations. Niemals zuvor hatte ich geglaubt, dass ich eine Stimme habe und so etwas aus mir herauskommen würde. Ich war jemand. Es wurde wahr, weil ich meine Stimme benutzte und mich somit endlich aufrecht hinstellen konnte. Ich wurde gesehen. Bemerkt. Akzeptiert. Endlich hatte ich den Mut, weiterzumachen.

> Halte Ausschau nach Menschen, die so sind wie du und die dich unterstützen. Es gibt sie! Manchmal sind sie eben nicht im gleichen Verein, leben nicht im gleichen Dorf oder haben nicht dasselbe Alter. Hauptsache, wir finden diese Weggefährten für unsere Heldenreise. Wir brauchen sie.

LET THE SHOW BEGIN!

Die damalige Musikindustrie bot Chancen am laufenden Band. An jeder Ecke gab es Castingshows und man konnte in Sekunden von Null auf Hundert gelangen. So wurde es zumindest dargestellt und es gibt viele erfolgreiche Beispiele. Ebenso viele Flops. Das blendet man aber im Alter von 17, 18 und 19 Jahren gern aus. Das verlockende Angebot, in eine Boygroup einzutreten und dafür das Abitur zu schmeißen, schlug ich zum Glück aus. Vernünftig war ich trotz meiner Künstlerseele. Ich war keiner, der den Slogan „Das Leben ist eine Bühne!" unterstützte. Das Leben ist keine Bühne. Es gibt auch Rechnungen, Hausaufgaben und Steuererklärungen. Das hatte ich verstanden.

Mein Wunsch, Musik zu studieren, musste nun hintenanstehen, denn drei Monate nach meinem Abitur bekam ich meine Chance im Musikbusiness. Eine dreimonatige Ausbildung zum Popstar wartete auf mich. Unter den Augen von Millionen von Fernsehzuschauern öffneten sich im September 2003 die Türen der FAME ACADEMY. Das bis dato weltweit erfolgreiche Castingformat wurde zum ersten Mal in Deutschland lanciert und 16 unwissende Studenten zogen in eine Villa in Köln ein. Unter ihnen der „kleine" Gerrit. Eine 24-stündige Kameraüberwachung sollte dafür sorgen, dass ganz Deutschland dabei zusehen konnte, wie wir zu Künstlern geformt wurden. Verschiedene Lehrer für Tanz, Gesang, Schauspiel, Medientraining, Styling, Moderationstraining, Etikette und Fitness sowie Auftritte mit großen Stars sollten uns täglich auf unserem „Weg zum Ruhm" (so die Unterzeile der Show) begleiten. Jeden Sonntag fanden Liveshows statt, in denen je ein Kandidat rausgewählt wurde. Die Zuschauer konnten abstimmen, wer zum „MOST WANTED" der Woche gewählt werden sollte und eine CD veröffentlichen durfte. Auch ich hatte erfolgreiche Veröffentlichungen und war einer der Publikumslieblinge. Ich liebte mein Leben, war auf Wolke sieben und schwebte von einem Highlight zum nächsten. Es war die schönste Zeit meines bis dato gelebten Lebens.

Fast drei Monate ging es um nichts anderes als Musik und darum, was es hieß, Künstler zu sein. Ich fühlte mich verstanden und angekommen. In den Medien gab es schräge Vögel, die Großstadt bot einem Möglichkeiten – an jeder Ecke. Man war frei im Geist, auch wenn die Produktionsfirma und der Sender uns in Schach zu halten wussten. Ich sang und tanzte jeden Tag. Ich lernte, mit Kameras umzugehen und wie man Interviews gibt, ich lernte zu moderieren und zu schauspielern. Kurz: Ich lernte 24 Stunden am Tag, sieben Tage die Woche und unsere Lehrer waren Profis. Das Wichtigste aber war, dass ich das tat, was ich liebte und dafür Anerkennung bekam.

Auf der anderen Seite war genau das das Problem, denn gesunde Selbstliebe, auf die als logische Konsequenz dann die Liebe von anderen folgt, war das nicht. Es war Fake. Aber von diesem „Naturgesetz" wusste ich mit 20 noch nichts. Der Drang nach Perfektion und das Erziehen zu einer Maschine gingen weiter, denn: The show must go on. Das hinterließ Spuren. Gleichzeitig half es mir aber auch, aus der alten Welt auszubrechen, in der ich nur eine leise Stimme war. Auf dem Dorf in meiner Heimat. Diese Zeit half mir, mich zu entdecken, meine Möglichkeiten zu sehen. Später musste ich lernen, dass das keine Selbstliebe und keine zielführende Persönlichkeitsentwicklung war, sondern ein Ego-Booster. Mein geschundenes Ego freute sich über diese Art von Rehabilitation.

Hätte ich meine Stimme nicht benutzt und nicht gezeigt, dass es mich gibt, wären mir diese Erfahrungen entgangen. Wenn man etwas zu sagen hat, dann muss man es tun. Das ist wie ein innerlicher Vertrag mit dir selbst. Unterschreibe diesen Vertrag. Ran an den Stift und sei streng mit dir. Es wird Menschen geben, die diese Entschlossenheit erkennen und dir helfen werden. Ich sendete beim

Casting aus: Hier bin ich! Und sie sahen mich! Allen voran eines der Jurymitglieder, die damalige Direktorin der Fame Academy, Kim Moke. Sie war die nächste mir wohlgesonnene Person auf meinem Karriereweg, eine Mentorin, bis heute.

Ich bin ich mir sicher, dass man die richtigen Signale aussendet, wenn man sich seiner Sache bewusst ist und sie verfolgt. Nicht umsonst kommen die Menschen auf dich zu, wenn du weißt, was du willst.

> **Nimm all deinen Mut zusammen. Trau dich und überwinde deine Ängste. Zeige dich! Sofort wirst du bemerken, dass Menschen auftauchen, die dich dafür schätzen und dir helfen. Sie werden dir Mut geben, weiterzumachen und dich erneut zu trauen.**

DAS GESETZ DER EXPONENTIELLEN STEIGERUNG

Das nur vorweg: Ich hatte seit der siebten Klasse eine Fünf in Mathe und bis heute bleibt mir vieles dieser Wissenschaft verschlossen. Doch als mir kürzlich die altbekannte Terminologie der „exponentiellen Steigerung" in einem anderen Kontext begegnete, gab es einen WOW-Effekt, den ich mit dir teilen möchte. Zum ersten Mal machte Mathematik Sinn für mich:

Das Gesetz der exponentiellen Steigerung sagt, dass eine gewisse Steigerung pro Zeiteinheit erfolgt (eine Größe vervielfacht sich in gleichen Zeitabschnitten immer um denselben Faktor). Bedeutet im übertragenen Sinne: Weißt du, was du willst, erfüllst du deine Bestimmung und strahlst so sehr, dass Leute dich bemerken, sehen und deine Message weitertragen, wird das, was du vorhast, wachsen. Pro Sekunde, pro Minute, Stunde, Tag usw. Die Menge der Menschen, die dich kennen, nimmt zu. Dein Erfolg nimmt zu. Deine Botschaft verbreitet sich. Menschen kommen zu dir, helfen dir, denken an dich, und auch sie tragen deine Botschaft in die Welt.

Stell dir vor, ein neues Restaurant hat aufgemacht, dort gibt es den besten Burger der Stadt in schönem Ambiente, und das Ganze zu einem super Preis. Wirst du nicht auch deinen Freunden und Bekannten davon erzählen? Das ist exponentielle Steigerung.

Doch weiter mit meiner Heldenreise. Je höher die Achterbahn fährt, desto tiefer kannst du auch fallen. Nach der letzten Sendung Ende 2003 versprach man mir einen Plattenvertrag und ich sah mich als Durchstarter. Dann kam der Tag, an dem mir bewusst wurde, dass ich keine weiteren Anfragen hatte, und der Plattenvertrag kam nicht zustande. Mein Management meldete sich nicht mehr. Was nun? Der Erfolg im Fernsehen und mein neues, nicht ganz gesundes Selbstbewusstsein halfen mir, mich als Model zu etablieren. Damit konnte ich mich gut über Wasser halten, doch glücklich hat es mich nicht gemacht. Ich wusste, ich hatte eine Stimme und auch Talent, aber beides war gerade nicht gefragt. Stattdessen grinste ich also fleißig in die Kamera und habe zwar keine schlimmen, aber auch keine emotional positiven Erinnerungen an diese Zeit. Nach vier zähen Jahren des Zurückkämpfens in die deutsche Showbranche fand ich ein neues Management und bekam einen Plattenvertrag. Von Beginn an versuchte ich mich gegen mein mitverkauftes Image des perfekten Schwiegersohns zu wehren, denn da war ja mehr in mir. Leider sah die Plattenfirma das anders.

Aus versicherungstechnischen Gründen und weil es so lang dauerte, bis mein Album nach zwei Jahren fertig war, schrieb ich mich 2007 an der Universität in Oldenburg ein. Kurze Zeit später, auf Rat von Silke, begann ich dann auch dort hinzugehen. Zeit hatte ich reichlich durch das Schneckentempo in der Musikindustrie, so konnte ich die Zeit wenigstens sinnvoll nutzen. Zulassungsfrei waren Evangelische Theologie und Philosophie, also fing ich damit an. Später tauschte ich die Philosophie aus und studierte, wie einst als Kind beschlossen, Musik beziehungsweise Musikwissenschaft.

Einige Charteinstiege, Konzerte, TV-Shows und TV-Kampagnen knallten in mein Leben. Als mein erstes Album WOVON TRÄUMST DU tatsächlich im CD-Regal stand, war dies ein wahrer Gänsehaut-Moment.

Aber das Ganze hatte auch so viel Leid und Unwohlsein während dieser zwei Jahre hervorgebracht, dass ich dies alles doch nicht mehr wollte. Zwei Jahre arbeiteten alle am Durchbruch und trafen für mich neben ein paar richtigen vor allem eine Fehlentscheidung nach der anderen. Jedoch trotz der Bemühungen besonderer Mitarbeiter der Plattenfirma, die ich bis heute als Freunde bezeichne, lief mein Plattenvertrag aus, ohne dass ich den Durchbruch schaffte. Man setzte mir ein Ultimatum: „Unser (gut dotierter) Weg (in die komplette Selbstaufgabe) und das zweite Album oder ... nichts."

Ich nahm das „Nichts" und entschied das zur Verwunderung aller sehr fix. Auch meine Management-Agentur wollte mich einvernehmlich aus dem langjährigen Vertragsverhältnis vorzeitig entlassen, weil wir keine Vision mehr hatten, wie es weitergehen sollte.

Mein damaliges Privatleben war zu allem Überfluss auch ein einziges Chaos. Ich befand mich im freien Fall und hatte keine Ahnung, wo ich landen würde.

Nun war ich 28 Jahre alt, hatte zweimal an der großen Karriere schnuppern dürfen, war hoch motiviert, stand aber plötzlich alleine da. Unterstützung erfuhr ich zum Glück durch meine Familie und meine Freunde. Trotzdem wusste ich, dass es richtig war. So viel sagte meine innere Stimme mir gerade noch.

Kurz darauf zeigte eine andere Plattenfirma Interesse an einer möglichen Zusammenarbeit. Mein Management bekam Wind von dem neuen Interesse. Plötzlich standen sie nicht mehr zu ihrem Wort, mich vorzeitig aus dem Vertrag zu lassen, und drohten mit juristischen Schritten. Irgendwie schaffte ich es mit meinen letzten Groschen, mir einen guten Anwalt zu leisten. Er und meine restliche Intuition erschufen einen für mich annehmbaren Weg, um einen Strich unter die Sache zu machen.

Diese schweren Monate voller Sorgen und negativer Gedanken hinterließen ihre Spuren. Als ich alles nach über einem Jahr überstanden hatte, war ich finanziell, psychisch, moralisch und gesundheitlich am Boden. Vier Hörstürze erwarteten mich auf dem Höhepunkt dieser schweren Zeit. Alle in einem Monat.

Deiner inneren Stimme zu folgen bedeutet im Umkehrschluss nicht, dass man kein Leid erfährt. Es kann dich nur vor noch Schlimmerem bewahren. Ihr zu spät Aufmerksamkeit zu schenken kostet im Rückblick meist mehr, als vorher die Bremse zu ziehen.

09
MEHR ALS GESUND: DAS GROSSE GANZE

ZU VIELE STIMMEN

Das Jahr 2012 war für mich fern von Glanz und Gloria. Ich stand inmitten meines zweiten Karriere-Aus, war frisch getrennt von meinem langjährigen Team und hatte dazu noch nach vielen Jahren Partnerschaft an einer privaten Trennung zu knabbern. Es war eine schlimme Zeit für mich und nun meldete sich mein Körper zu Wort. Mit 28 lag ich mit vier Hörstürzen im Krankenhaus.

Zum ersten Mal erlebte ich, wie es sich anfühlt, an körperliche Grenzen zu gelangen. Der extreme Stress hatte dazu geführt, dass meine Haare grau wurden, ich an Gewicht verlor, mein Hörvermögen nur noch fünfzig Prozent betrug und Schwindel zum ständigen Begleiter wurde. Mein Körper sendete ein sehr starkes Signal: „Ich kann es alles einfach nicht mehr hören." Für einen Sänger gehört dies wohl zu den schlimmsten Dingen, die einem neben dem Verlust der Stimme widerfahren können.

In dieser Zeit im Krankenhaus durfte ich nur lesen. Keine Musik, kein TV, kein Internet, auch reden durfte ich kaum, da jede Aufregung es nur schlimmer machte. Die Angst, nicht mehr hören zu können, überschattete alles. Jede Nacht wurde ich wach, immer um dieselbe Uhrzeit: 4.13 Uhr. Eine Art schlechtes Gewissen mir selbst gegenüber überkam mich, dass ich es soweit hatte kommen lassen. Enttäuscht war ich, von mir selbst und vom Leben. Dazu die Machtlosigkeit und die Frage, wann ich wieder loslegen dürfte. Doch ich begriff, was jetzt angesagt war: Eine Reise tief in mein Inneres, es war das Signal, dass ich meinen bisherigen Pfad ändern musste. Manchmal ist ein Kollaps unausweichlich.

Was bedeutet ein gesundheitlicher Zusammenbruch? Er zeigt uns, dass wir verlernt oder vergessen haben, unserer inneren Stimme zuzuhören und sie zu nutzen. Wir hören nicht darauf, was unser Körper sagt, und so werden Signale, die er sendet, so stark, dass wir keine andere Möglichkeit mehr haben, als uns damit auseinanderzusetzen. So war es dann auch bei mir im Krankenhaus. Fern vom TV oder Internet wurde ich gezwungen, mir meine Baustellen anzusehen.

Unser Körper ist ein faszinierendes System, er weiß genau, was er braucht. Darauf zu hören ist eine Fähigkeit, die wir nie verlernen sollten oder unbedingt wiedererlernen sollten, denn idealerweise sollte es natürlich gar nicht zu einem Zusammenbruch kommen.

Unsere innere Stimme und unser Körper sind eng verbunden. Erinnern wir uns an die kleinen Kinder. Intuitiv wissen sie, zu wem sie gehen wollen. Ihrer gesunden Natur gemäß lassen sie sich daher auch nur ungern auferlegen, was sie zu tun haben. Bis sie dazu erzogen werden zu tun, was sich „gehört". Sicher erinnerst du dich, dass du als Kind nicht zwangsläufig dann Hunger hattest, wenn es Mittagessen gab, sondern manchmal davor oder danach. Das heißt also, wenn sich dein natürliches Hungergefühl meldete, es aber leider gesellschaftlich gerade nicht passte.

Wir werden durch vieles von außen konditioniert. Ein Stück weit ist dies sicher auch notwendig und sinnvoll, damit eine Gesellschaft mit so vielen Menschen funktionieren kann. Doch vieles ist auch fragwürdig und geht mit einer Reihe individueller Verluste einher, zum Beispiel dem Verlust natürlicher Intuition, dem Körpergefühl oder wie wir es bisher hier zumeist genannt haben: der inneren Stimme.

Dein Körper sendet kein Signal ohne Grund. Er ist zuverlässig und in physiologischer Perfektion und biochemischer Präzision konstruiert. Unser Körper will gesund sein und funktionieren. Auch besitzt unser Organismus zahlreiche Fähigkeiten, um sich selbst zu heilen. Doch das klappt nur, wenn wir ihm die Chance geben.

Wir befinden uns aber in einem Hamsterrad voller Aufgaben, Erwartungen, gesellschaftlicher Werte und Normen, religiöser Dogmen und generations- und geschlechtsspezifischer Erwartungen. Man soll ein guter Freund oder eine gute Freundin und ein perfektes Elternteil sein. Der Vorgarten soll in Ordnung sein, Hände und Füße müssen penibel manikürt sein. Man soll schlank, sportlich, fit, zuverlässig, nett, finanziell unabhängig, aber nicht geizig sein. Wie soll ein Mensch das alles bewältigen?! Die Antwort ist: gar nicht. Und doch versuchen wir immer wieder, möglichst viel zu erfüllen.

Permanenter Stress jeden Tag bedeutet, dass wir nur noch „überleben", nicht aber leben – Krankheiten können bei einer solchen Belastung durch die offene Vordertür einmarschieren. Es beginnt meist mit einer kleinen Symptomatik, die man als Warnsignal ernst nehmen sollte. Denn dauert der Stress weiter an, kann der Körper sich nicht mehr selbst heilen, die Symptomatik verschlimmert sich bis zur Chronifizierung. Auf die Chronifizierung folgt dann eine Festsetzung irgendwo im Körper, wo eine Schwachstelle aufgetan wurde. Von nun an hat der Körper dort seinen wunden Punkt und sorgt bei Stress dafür, alles immer dorthin weiterzuleiten. So lange, bis man es vor Schmerzen nicht mehr aushält oder es einfach „knallt". Zusammenbruch. Burnout.

Egal, wie fortschrittlich und weiterentwickelt wir unseren Weg bestreiten, egal, welche technologischen Innovationen es noch geben wird – wir bleiben Menschen. Vom Prinzip funktionieren wir immer noch so wie unsere Vorfahren, welche vielleicht einmal vor einem Säbelzahntiger fliehen mussten. Damals mobilisierte der Körper jegliche Kraft und Energie, um zu entkommen. Auf die Information im Gehirn und das mit diesem Gedanken verbundene Gefühl der „ANGST" reagiert der Körper mit Adrenalin und Stresshormonen, um dich zu retten. Der Vorteil: Du entkommst und überlebst! Der Nachteil: Während der Flucht wird jede körperliche Funktion dem Entkommen untergeordnet. Andere Funktionen wie beispielsweise die Verdauung oder das Immunsystem fahren runter. Wozu brauchen wir eine Abwehr gegen Bakterien und Viren, wenn wir jeden Moment von einem Säbelzahntiger getötet werden? Der menschliche Körper hat sich kaum verändert, die Biochemie und vor allem der für uns gerade relevante Adrenalinausstoß folgen dem gleichen Prinzip. Bei negativem Stress über einen längeren Zeitraum sorgt der ständige Adrenalinausstoß für ein Zusammenbrechen des Immunsystems.

Heute ist es nicht der Säbelzahntiger, sondern es sind die Mitmenschen, der eigene Partner, Kollegen, Chefs, Steuererklärungen, Streit, Weltuntergangsnachrichten, Social-Media-Kanäle oder die ungesunde Ernährung. Diese Dinge können Stress verursachen. Die Folgen spiegeln sich in Krankheiten wie Depressionen, Krebs oder Burnout wider. Deshalb müssen wir beginnen, uns selbst auf den Prüfstand zu setzen. Uns, unser Leben, unsere Umwelt. Oft brauchen wir nicht weit zu schauen, um Fehler im System zu finden.

Dein Körper sendet dir kleine Warnsignale. Es kann schon eine immerzu verstopfte Nase sein, die dir signalisiert, dass du von einigen Dingen um dich herum die „Nase voll" hast. Oder bist du ständig heiser oder hast du Halsschmerzen? Dann könnte es sein, dass dir etwas immer wieder und wieder die Sprache verschlägt. Steht vielleicht ein dringender Richtungswechsel an, gegen den du dich wehrst, dann könnte er sich in Form von Knie- und Schulterbeschwerden äußern. Eine Grippe, die nicht weggehen will, ständige Kopf-, Rücken- oder Nackenschmerzen, chronische „Zipperlein" – all diese Symptome wollen dir vielleicht etwas sagen.

Ich glaube fest an solche körperlichen Signale, auf die wir hören müssen. Beobachte dich und sei ehrlich mit dir selbst.
    Falls du dich für das Thema interessierst, kann ich dir die Dokumentation HEAL von Kelly Gores empfehlen.

WO STEHST DU?

Welche körperlichen Probleme spürst du immer wieder?

_____

_____

_____

_____

Welche akuten Warnsignale sendet dein Körper?

_____

_____

_____

_____

_____

Dein Körper spricht mit dir. Er hat eine Stimme und sagt dir genau, was los ist. Du musst lernen, seine Sprache zu verstehen und das große Ganze betrachten. Du bist Körper, Geist und Seele!

DAS AUTO MIT DREI REIFEN

Der vorangegangene Abschnitt hat uns gezeigt, welche Auswirkungen Stress auf den Körper hat, obwohl man diesen vielleicht im ersten Schritt nicht erkennt. Man erkennt nur ein körperliches Symptom: Hörsturz, Migräne oder etwas anderes.

Jahrelang hat man auch in Wissenschaft und Medizin diese Verbindungen nicht hergestellt. Man ist davon ausgegangen, dass der Mensch sich wie eine Maschine verhält. Wenn ein Körperteil nicht mehr funktionierte, wechselte man es entweder aus oder man versuchte die Symptome mit Medikamenten zu mildern, sodass es erst mal reibungslos weiterlief.

Dieses Denken ist oft immer noch zu finden, aber ein anderer Ansatz fordert nun seinen Platz: der holistische Ansatz (Holistik: die Lehre von der Ganzheit). Man möchte den Menschen gesamtheitlich betrachten. Diesen Ansatz verfolge ich heute auch in meiner Arbeit als Coach. Es geht darum, die Vielschichtigkeit des Menschen zu erkennen.

Was wir **denken,** **senden** wir auch **aus!**

Wir sind Körper, Geist und Seele. Wir fahren auf diesen drei Reifen. Ist ein Reifen platt, dann kann man vielleicht noch ein paar Meter schaffen, doch ein Rennen kann man damit nicht gewinnen. Sind sogar zwei der drei Reifen kaputt, haben wir nicht einmal mehr eine Chance voranzukommen. Bei drei: Zusammenbruch – Kollaps – das war's! Dieses Prinzip müssen wir verstehen lernen, um mit unseren drei Reifen selbstbestimmt, erfolgreich, glücklich und bewusst durch unser Leben zu fahren.

Holistisches Denken beinhaltet also, dass man sich mit allen Bereichen im Detail auseinandersetzt.

NICHT GANZ NEUE STIMMEN

Ein weiterer Aspekt der Wissenschaft hat unser Denken über Körper und Geist verändert: die Epigenetik. Die Epigenetik ist Teilgebiet der Biologie und beschäftigt sich damit, dass sich unser Körper durch Erfahrungen, Traumata und unser Denken genetisch verändern kann.

Dachte man früher, man sei erblich vorbelastet und somit ein „Opfer", geht man in der Epigenetik vereinfacht gesagt davon aus, dass Zellen durch Gedanken umprogrammiert werden können, im Positiven und Negativen.

Natürlich hat auch die Psychologie Methoden hervorgebracht, um Menschen im Umgang mit Traumata und Erfahrungen zu helfen. Ein Kosmos voller psychologischer Ansätze ergänzt oder erweitert dieses Wissen. Sie greifen wie Zahnräder ineinander. Wie die Schulmedizin und die Naturheilkunde. Vieles von diesem psychologischen Gedankengut ist aber gesellschaftlich schon in uns verankert und erscheint uns in vielen Fällen logisch. Anders verhält es sich mit dem Wissen aus der Epigenetik.

Wir wissen unbewusst, dass wir sind, was wir denken, denn nicht umsonst sagen wir jemandem, der niedergeschlagen ist: „Kopf hoch!" oder „Positiv denken!" Aber im negativen Sinne ist uns dieses Ursache-Wirkungs-Prinzip noch nicht in Fleisch und Blut übergegangen. Was wir denken, senden wir auch aus. Im Positiven, aber auch im Negativen. Deshalb läuft oft der ganze Tag nicht rund, wenn morgens schon der Kaffee danebengeht. Das ist die Erklärung, warum Menschen immer wieder in die gleiche Art von Missgeschicken tappen, falsche Menschen anziehen oder es immer wieder gesundheitlich oder finanziell hapert und es sich anfühlt, als würde sich das Leben in Form von Wiederholungen abspielen.

Der Grund dafür liegt in deinem „Autopiloten", er ist dafür verantwortlich, dass du tust, was du tust. Es ist dein Unterbewusstsein. Dein Unterbewusstsein steuert die meisten Vorgänge deines Körpers, zum Beispiel deine Atmung, deine Verdauung, deine Zellerneuerung und deine Immunabwehr. Es steuert so gut wie alles, nur wenig wird von uns bewusst wahrgenommen.

Von der Geburt bis zum Alter von ungefähr sieben Jahren wird unser Unterbewusstsein programmiert. Unsere Eltern, unsere Geschwister, andere Kinder, das, was wir im TV sehen und hören, machen uns zu dem, was wir sind. Wir werden das, was uns umgibt. Mit dem Eintreten ins Schulalter hat diese passive Programmierphase ein Ende und wir gehen zu einem aktiven Lernen über. Jetzt heißt es, nicht mehr passiv konsumieren, sondern wir lernen und bekommen Informationen zugespielt, die uns weiterhin prägen, aber nicht mehr unser gedankliches Fundament bilden. Unser Autopilot ist nun so gut wie fertig programmiert und wir lernen themenbezogen.

Unsere Umwelt kann uns nur das vorleben, was sie selbst vorgelebt bekommen hat. Ist dies ein wertschätzendes Selbstbild, das auf einem gesunden Geist, einer Schöpfer- statt Opfermentalität beruht und das auf Liebe und finanzieller sowie emotionaler Unabhängigkeit basiert, dann entwickelt sich ein starkes Individuum, das ein erfülltes und selbstbestimmtes Leben lebt.

Wir haben jedoch alle schlechte Erfahrungen gemacht und haben so irgendwo einen „Sprung" in der Platte. Schon Aristoteles hat gesagt: „Zeig mir ein Kind im Alter von sieben Jahren und ich zeige dir den Erwachsenen dahinter."

Du lernst sprechen, indem du deinen Eltern und Geschwistern zuhörst und Laute adaptierst. Du lernst laufen, weil du anderen dabei zusiehst, wie sie laufen. Waren deine Eltern immer ängstlich und verhalten, leise und zurückhaltend, wirst du nicht unbedingt ein mutiges Kind. Waren Eltern jähzornig oder aggressiv und haben selbst nicht viel Liebe erfahren, ist es meistens schwierig für Heranwachsende, sich zu emotional ausgeglichenen Individuen zu entwickeln. Man führt dann fort, was man gelernt hat. Das bedeutet, dass du ohne eine Umprogrammierung deiner Software, ohne ein gedankliches Update aus diesem gedanklichen Muster schwer ausbrechen kannst.

Der Körper tut das, was du denkst, und wir müssen entscheiden, ob wir gelenkt werden oder selbst lenken wollen. Du liest dieses Buch, folglich möchtest du vermutlich selbst lenken. Deshalb haben wir uns hier getroffen. Und dein Weg hat damit schon begonnen. Zusammen bekommen wir ein Software-Update hin. Umprogrammierung ist jetzt gefragt. Neukonditionierung.

Dir ist noch nicht ganz klar, wie deine Gedanken deinen Körper bestimmen? Dann widme dich nun in Ruhe und Konzentration folgender Übung:

DIE ZITRONE

Bitte lies diesen Text erst einmal durch, danach kannst du ihn gedanklich durchgehen. Wichtig ist, dass du versuchst, alles gedanklich möglichst authentisch nachzubilden.

Schließe deine Augen. Dann stelle dir vor, wie du in deiner Küche stehst, begutachte alles. Wo steht dein Toaster? Wo steht dein Tisch? Jetzt gehst du zu dem Platz, an dem du deine Schneidebretter aufbewahrst, nimmst mit der rechten Hand eines heraus und legst es auf die Arbeitsfläche. Jetzt gehst du zu der Stelle deiner Küche, wo deine Messer aufbewahrt werden, und nimmst auch hier mit deiner rechten Hand eines heraus, schließt den Schrank oder die Schublade mit deiner linken Hand und legst das Messer auf das Brett. Jetzt gehst du zum Kühlschrank, öffnest ihn mit der einen Hand und nimmst mit deiner anderen Hand eine dicke, saftige Zitrone heraus. Ein richtig großes Exemplar, das du nach dem Schließen deines Kühlschrankes auf das Brett legst. Jetzt nimmst du das Messer in die Hand, mit der du für gewöhnlich schneidest, und mit der anderen Hand hast du die Zitrone fest zwischen deinen Fingerspitzen, um sie einmal in der Mitte durchzuschneiden. Sodass du zwei gleich große Hälften hast und jeweils eine Hälfte mit ihrem spitz zulaufenden Ende in jeder Hand hältst. Der saure Saft läuft bereits beim Schneiden heraus. Jetzt nimmst du die eine Hälfte der Zitrone wieder in deine Schneidehand, führst sie Richtung Gesicht, immer höher, dabei legst du den Kopf in den Nacken. Du öffnest dabei langsam deinen Mund. Jetzt, wo dein Kopf im Nacken liegt, drückst du aus der Zitrone Saft in deinen geöffneten Mund. Aus der reifen, dicken gelben Zitrone spritzt es und ihr saurer Saft tropft in deinen Mund.
Fertig! Augen auf! Und? Was hast du bemerkt?

Ich denke, dass es dir so geht wie vielen anderen Menschen. Du hast gemerkt, wie dir das Wasser im Mund zusammengelaufen ist. Speichelproduktion, vielleicht Gänsehaut, weil es so sauer war. Ein Reflex, ausgelöst nur durch das Denken! Du hast ja keinen Zitronensaft in deinem Mund, aber allein daran zu denken hat in deinem Gehirn dazu geführt, dass du trotzdem reagierst. Für dein Bewusstsein ist es egal, ob du den Moment live und in Farbe erlebst oder nur in der Vorstellung. Du bist, was du denkst! Das ist der Beweis. Nur leider ist es nicht bei allem, was wir denken, so simpel und belanglos wie bei der Zitrone. Stell dir jetzt vor, was dein Körper an Reaktionen ausschüttet, wenn du immer Angst hast, permanent gestresst bist und negative Gedanken hast. Wir sind, was wir denken! Wähle sorgfältig aus und arbeite daran, bewusster zu denken.

Alles beginnt mit der Erkenntnis. Dann muss eine Aktion folgen. Du wirst merken, dass es egal ist, ob du es dir nur vorstellst oder die Aktion wahrhaftig durchführst. Dein Körper reagiert bereits auf die Vorstellungskraft.

Bei der Zitronenübung ist das Ergebnis egal, es beeinflusst uns nicht. Doch stelle dir die Auswirkung deiner negativen Gedanken auf dich, deinen Körper und dein Leben vor. Also müssen Gedanken, Glaubenssätze und Gefühle, die dich negativ beeinflussen, so gut es eben geht, raus aus dir. Das Stichwort ist „aktiv Gewohnheiten ändern" – Neuprogrammierung.

Natürlich möchte sich jeder auf den Weg machen, seine seelischen Wunden zu heilen, seine psychischen Narben verschwinden zu lassen und negative und vernichtende Gedanken zu ersetzen. Und es gibt diese Möglichkeiten. Sie erfordern Bewusstsein, einen starken Willen und brauchen Zeit. Alles, was schnell und über Nacht kommt, bekommt man auch meist genauso schnell wieder weg. Zum Beispiel einen Schnupfen oder einen Pickel. Jahrelanges Kämpfen oder Falschprogrammierung in der Kindheit braucht aber Zeit. Wie kannst du es jetzt schaffen, dich zu befreien?

UMPROGRAMMIERUNG DURCH WIEDERHOLUNG

Der einfachste, aber trotzdem nicht ganz leichte Weg: Neuprogrammierung durch Wiederholung. „Einfach", weil du es ganz allein schaffen kannst, ohne Hilfe von außen, „Nicht ganz leicht", weil es Disziplin erfordert.

Wenn du beispielsweise denkst „Ich bin enttäuscht vom Leben!", dann ist die Affirmation dagegen: „Das Leben ist lebenswert und hält nur Gutes bereit." Solche Affirmationen musst du wiederholen und mit guten Emotionen verknüpfen, denn da dein Gehirn nicht zwischen Realität und Vorstellung unterscheidet, erfolgt auf den gedanklichen Impuls stets die gleiche körperliche Reaktion. Dieses Glücksgefühl des Erfolges, die Freude und die entsprechenden biochemischen Veränderungen des Körpers durch die Ausschüttung von Hormonen bewirken eine nach und nach erfolgende Überschreibung des alten Systems. „Ich kann nicht" wird ersetzt durch „Ich kann".

Der Körper verbindet auf einmal Gutes mit diesen Gedanken. Er wurde neu konditioniert. Regelmäßigkeit ist dabei ein entscheidender Aspekt. Jede Woche kommen meine Schüler und Klienten zu mir, damit sich Dinge wirklich umstellen können. Einen ersten Effekt gibt es bereits nach der ersten Stunde. Nach einem Training kann man schon etwas, der Impuls wurde gesetzt, aber die Wiederholung manifestiert das Wissen.

Überlege einmal, welche negativen Glaubenssätze du hast, und ersetze sie durch positiv formulierte Affirmationen. Sage sie dir täglich vor, damit sie sich in deinem Denken festsetzen.

HYPNOSE UND MEDITATION

Die Möglichkeit der Umprogrammierung durch Hypnose oder Meditation ist ebenfalls verbreitet und kann Menschen sehr gut dabei helfen, sich von Traumata und Störungen zu befreien. Durch Löschung und Überschreibung in einer gewissen Gehirnwellenaktivität können hier enorme Erfolge erzielt werden. Auf diesem Gebiet gibt es viele Angebote und Erkenntnisse, die zu erörtern hier aber den thematischen Rahmen sprengen würde. Ich selbst habe auch schon erfolgreich mit diesen Techniken gearbeitet. Auch hier sind die Intensität und Regelmäßigkeit, gerade in Bezug auf Selbsthypnose und Meditation, sehr wichtig, um Erfolg zu haben.

Ich empfehle dir, dich über alle Möglichkeiten zu informieren und dann mit einem Therapeuten oder Coach über Zusammenhänge und Kombinationsmöglichkeiten zu sprechen, um so deinen individuellen Lösungsweg zu finden. Jeder Weg ist anders und für jeden Menschen wird es andere Lösungen geben. Die Stimme ist dabei der erste entscheidende Wegweiser.

Zuerst muss das Problem ver„stimm"licht werden. Man muss lernen, darüber zu reden. Dann ist es an der Oberfläche, kann betrachtet und analysiert werden. Nicht umsonst verzeichnen Gesprächstherapien große Erfolge. Danach geht die Reise weiter. Es kommt die innere Stimme, die sagt, was als Nächstes ansteht.

> **Du kannst dich durch das Aneignen neuer Gewohnheiten und Abläufe neu programmieren. Du kannst deine alten Gedankenmuster ändern, die Erkenntnis ist der erste Schritt, das Training der zweite. „Du bist, was du denkst." Dann muss eine Aktion folgen. Befreie dich von altem Gedankengut!**

Tipp:
Ein tolles Buch, das meine Sicht auf das Leben und auf Krankheiten geändert hat, ist das Buch „Gesundheit für Körper und Seele" von Louise Hay. Es ist ein guter erster Schritt in die Selbsterkenntnis, denn nach ihrer Methode liegen allen Krankheiten gewisse Glaubenssätze und gesellschaftliche Normen zugrunde, aus denen man sich selbst befreien kann. Es geht erneut darum, sich vom „Opfersein" hin zum Schöpfer seines Glückes zu bewegen.

ERNÄHRUNG

Das Zusammenspiel der oben bereits beispielhaft genannten drei Reifen Körper, Geist und Seele, zu verbessern und zu unterstützen, haben wir selbst in der Hand. Den Reifen „Körper" kannst du durch zwei Faktoren beeinflussen: eine gute Ernährung sowie Bewegung und Sport.

Doch was bedeutet eigentlich gute Ernährung? Seit meinem 17. Lebensjahr gehe ich ins Fitnessstudio. Dort wurde mir immer gesagt, dass eine gesunde Ernährung aus viel Eiweiß besteht. Darunter fallen unter anderem Milchprodukte, Fleisch und Eier. Diese Nahrung und das Training hatten in der Tat den gewünschten Effekt, nämlich dass meine Muskeln sichtbar wuchsen. Gerade auch für meine Arbeit als Model war es das gewünschte Ergebnis. Dennoch stellten sich unerwünschte Nebeneffekte der Ernährung ein. Ich litt unter Hautproblemen (Akne, Pickel), war gestresst und geriet schnell ins Schwitzen.

Erst seit einiger Zeit weiß ich, was mir meine Vorstellung von einer gesunden Ernährung eigentlich angetan hatte, da der Aspekt des Säure-Basen-Haushalts des Körpers bei diesen von mir zu strikt aufgenommenen Ratschlägen außer Acht gelassen wurde.

Die Dinge, die ich aß, weil man mir sagte, dass sie gesund seien, sind hochgradig „sauer". Es gibt Nahrungsmittel, die der Körper als sauer identifiziert, andere sind basisch. Wir kennen das zum Beispiel von Kohlensäure in Getränken, die uns zum Aufstoßen bringt: Die Säure muss raus. Bei Nahrungsmitteln müssen die sauren Teile einen längeren Prozess im Stoffwechsel durchlaufen, damit sie reguliert und ausgeschieden werden können. Diese Säuren belasten unseren Organismus.

Sie setzen unseren Körper unter Stress und Entzündungen entstehen leichter, die wiederum den gesamten Organismus aus dem Gleichgewicht bringen. Dies ist auf Dauer nicht gesund und bevor der Körper dann implodiert, schickt er den Überschuss nach außen, ähnlich wie beim Aufstoßen und der Kohlensäure. Das kann sich über verschiedene Kanäle äußern, wie zum Beispiel Pickel, Ausschläge, Verspannungen, Schwitzen, je nachdem, wo ein Mensch seine individuelle Schwachstelle hat. Seitdem ich mich ausgewogener ernähre und besser weiß, was mein Körper braucht und was er anstrebt, habe ich die für mich relevanten gesundheitlichen Themen im Griff.

Hätte ich meinem Körper bereits früher besser zugehört, hätte ich mir mindestens 15 Jahre voller Wehwehchen und Schmerzen ersparen können, denn: Meine Mutter erzählte mir, dass ich als Kind nach dem Verzehr von Süßigkeiten oder Chips einen Apfel (basisch) wollte oder sehr viel stilles Wasser (basisch) trank. Mein Körper strebte nach einem Ausgleich. Ich habe das damals aber nicht aktiv wahrgenommen.

Ist es nicht großartig, wie der Körper ausgleichen will, wenn er in Schieflage gerät? Unser Körper will gesund sein und tut alles dafür, um es zu sein, zu bleiben und zu werden. Aber wir müssen ihm helfen, indem wir ihm zuhören und der inneren Stimme lauschen, die uns sagt, was zu tun ist. Sie steuert uns, bevor wir uns selbst aktiv steuern können.

WUSSTEST DU, DASS …

- Koffeinhaltige Getränke sowie Teesorten wie Kamille und Pfefferminz können aufgrund ihrer ätherischen Öle deine Schleimhäute zusätzlich austrocknen.
- Bevorzuge Getränke ohne Kohlensäure. Dies verringert die Wahrscheinlichkeit, dass du aufstoßen musst.
- Achte auf einen geringen Kaliumgehalt im Wasser (unter 5). Kalium kann sich wie eine Art „Schleier" auf deine Stimmbänder legen und den „Frosch im Hals" verursachen.
- Vermeide Alkohol, Zigaretten und scharfes Essen. Dies kann den Kehlkopf reizen und zu Räuspern oder Husten führen
- Vermeide sehr heiße und sehr kalte Getränke – Zimmertemperatur ist ideal.
- Zwei Liter Wasser am Tag sind nicht nur wichtig für deine Gesundheit, sondern auch für die Befeuchtung deiner Stimmbänder.
- Lebensmittel wie Milch- und Milchprodukte fördern die Schleimproduktion und so ständiges Räuspern. Du solltest sie nicht vor Vorträgen oder Präsentationen zu dir nehmen.

ERNÄHRUNGSCHECK

**Wenn du deine Ernährung betrachtest:
Wie ausgewogen ist sie, was könntest du verbessern?**

_____

_____

_____

**Nach dem Konsum welcher Lebensmittel
fühlst du dich gut oder weniger gut?**

_____

_____

_____

**Was sagen dir dein Körper oder deine
innere Stimme in Bezug
auf bestimmte Lebensmittel?**

_____

_____

_____

Eine ausgewogene Ernährung ist wichtig. „Du bist, was du isst!" Höre dabei auf deinen Körper, er spricht mit dir. Es gibt nicht das eine Patentrezept.

HIER STIMMT WAS NICHT!

Eine andere wichtige Komponente, um deinen körperlichen und seelischen Zustand in der Balance zu halten, ist Sport. Sport schafft eine Brücke zu unserem Geist. Für mich sind Sport und Bewegung ein fundamentaler Teil meiner Arbeit als Coach. Fast in jedem Coaching mache ich etwas mit dem Körper und nutze ihn als Katalysator für die Stimme. Eine starke Stimme braucht den Körper. Weder Körper noch Geist und Seele können isoliert voneinander betrachtet werden.

Bevor du das Buch gleich in die Ecke schmeißt, weil dich wieder einer bekehren will, wie wichtig Sport doch ist, und du diese Platte nicht mehr hören kannst: keine Panik.

Ich möchte dich nur für das „Wie" sensibilisieren. So wie vermeintlich gut gemeinte Tipps zu gesunder Ernährung sind auch pauschale Aussagen zum Thema Sport immer schwierig. Deshalb empfehle ich auch hier: zuhören! Was sagt dir dein Körper? Dass ständiges Herumliegen auf der Couch nicht gut ist, verrät dir dein Körper mit Sicherheit schnell. Aber genauso verrät er dir auch, dass vielleicht bestimmte Sportarten oder Übungen für dich nicht passend sind.

Bei mir war es zum Beispiel beim Joggen so. Jedes Mal nach dem Joggen ging es mir zwei Tage schlecht: in Form von Knie-, Rücken- und Wirbelsäulenschmerzen. Da ich auf Maschinenmodus programmiert war und darauf, immer durchzuziehen, damit ich erfolgreicher und durchtrainierter werde, machte ich trotzdem weiter. Ich kaufte noch bessere Schuhe, verbesserte mit Profitipps meinen Laufstil, optimierte hier und da und machte einfach weiter. Ich hatte ja auch diese Sprüche gehört, dass man sich nur gut durchbeißen und hart genug durchziehen muss, dann kommt auch der Erfolg. Ich wollte fitter werden, Fett reduzieren und mir sagen können, dass ich den täglichen Schweinehund überwinde. Doch ich hatte überhaupt nicht zugehört, was meine innere Stimme mir tagtäglich sagte. Hör auf! Das ist nicht dein Sport! Es tut dir nicht gut. Bis ich schließlich zu meinem Hausarzt ging, um den Sachverhalt abklären zu lassen. Er sagte mir, dass ich viel zu groß sei, um zu joggen. Es liege nicht an mir. Da wären andere Sportarten viel geeigneter als Joggen, da mein langer Körper diese ständige Erschütterung, verteilt auf fast zwei Meter, gar nicht gut verkraften könne. Bei kleineren Menschen sei die Belastung ganz anders verteilt. Klang logisch – seitdem bin ich nie wieder gejoggt. Manchmal benötigt man von außen die Bestätigung dessen, was unsere innere Stimme uns eigentlich schon vorher vermeldet hatte.

Genauso ist es natürlich auch mit anderen Sportarten. Vorausgesetzt du bist gesund und hast keine körperlichen Einschränkungen oder Verletzungen, sind unangenehme Symptome beim Sport oft eine Warnmeldung der inneren Stimme. Schmerzen beim Fußball beispielsweise deine Knie, kommt Fußball für dich vielleicht nicht in frage. Oder wirst du in der Fitnessgruppe beim kleinen Fitness-Wetteifern von Schulterschmerzen begleitet, ist die nächste Liegestütz-Challenge möglicherweise nichts für dich und du benötigst eine andere Form der Bewegung. Auch hier ist es sehr wichtig, dass du sozusagen dein Ding findest, denn Bewegung ist für die Gesundheit deines gesamten Organismus elementar. Bewegung ist ein Prinzip des Lebens, und die wichtigste Erkenntnis ist dabei sicher, dass Bewegung nicht nur zur Stärkung des Bewegungsapparates beiträgt, sondern die fundamentale Kraft liegt darin, dass ohne Bewegung unser Stoffwechsel und somit das gesamte Organsystem nicht richtig funktionieren kann. Daher finde etwas, das dir Spaß macht – das können auch regelmäßige

Spaziergänge an der frischen Luft in der Natur sein. Auch sie werden dazu beitragen, dass du dein gesamtes System gesund erhältst und dabei auch Stresshormone abbauen kannst, was sich wieder positiv auf deine Stimmung und Stimme auswirken wird. Der Körper strebt immer und überall nach Ausgleich.

Seitdem ich das Joggen an den Nagel gehängt habe, schwimme ich wieder und spiele wie früher in meiner Jugend Beachvolleyball oder gehe auf den Crosstrainer. Irgendwann muss man sich vertrauen und erspart sich so eine Menge weiterer Umwege. Doch natürlich sind Umwege nicht per se schlecht, wenn man aus ihnen lernt, dann machen sie nicht ärmer, sondern reicher ... an Erfahrung.

Es gibt natürlich sportliche Richtlinien und Wissen, das nützlich ist und an dem wir uns orientieren sollten, um erfolgreich im Sport und mit unserem Körper zu sein. Und wenn uns der Körper mit Muskelkater „beschenkt", ist das kein Grund, die sportliche Aktivität zu beenden, denn das ist normal. Auch der dich zurückhaltende innere Schweinehund darf nicht missverstanden oder mit der inneren Stimme verwechselt werden. Er wird dir mit lauter Stimme immer sagen, dass du es lieber lassen solltest, denn schließlich strebt der Körper von Natur aus danach, in der Komfortzone zu bleiben und seine Energiereserven möglichst zu schonen. Genau dann ist der Auftritt deiner inneren Stimme gefragt. Sie muss dann hervortreten und sich durch die Erfahrungen der Vergangenheit und dein Bewusstsein die Poleposition erkämpfen.

Richtig wäre meiner Auffassung nach, wenn du dich nach dem Sport zwar fix und fertig fühlst, auch immer wieder einmal an deine körperlichen Grenzen gehst, um weiterzukommen, aber vor allem glücklich und zufrieden dabei bist. Denn Bewegung ist auch eine Form des Ausdrucks von Glücklichsein: Denke nur an den letzten Partybesuch, bei dem sich auch noch der letzte Bewegungsmuffel auf der Tanzfläche eingefunden hat. Ist man erst einmal „drin", tut es tatsächlich gut.

SPORTCHECK

Wie und wie oft in der Woche bewegst du dich?

_____

_____

_____

Wie könntest du dich noch regelmäßiger bewegen? Vielleicht kannst du mit dem Rad zur Arbeit fahren oder zu Fuß gehen?

_____

_____

_____

Welche Sportart macht dir Spaß?

_____

_____

_____

Was hast du als Kind gerne gemacht?

_____

_____

_____

**Bei welchen Sportarten verspürst
du körperliche Schmerzen?**

_____

_____

_____

**Wann machst du gerne Sport
(morgens/mittags/abends)?**

_____

_____

_____

Erinnere dich an die ersten Kapitel: Analysiere, was du bist, wer du bist – eine Wiese, ein Strand, ein Wald? Und dann gehe noch weiter und checke auch die Unterkategorien ab: Blumenwiese, karibischer Strand oder Ostseestrand, Laubwald, Nadelwald? Was bedeutet das in Bezug auf Sport? Wenn jemand jeden Tag joggt und sein persönliches Glücksgefühl dabei erlebt, super! Alles richtig gemacht! Bei dir funktioniert das nicht und du probierst noch verschiedene Sportarten aus? Super, auch alles richtig gemacht! Jeder ist anders, höre dir zu.

GANG RAUS UND ROLLEN LASSEN!

Was genau konnte ich damals nicht mehr hören, was hat zu den Hörstürzen geführt? Heute weiß ich: Es waren die leeren Versprechen der Showbranche, meines Teams, das Nicht-gesehen-Werden und ein Gefühl des Ausgeliefertseins. Nach meinem Krankenhausaufenthalt beschloss ich, meiner inneren Stimme die Chance zu geben, gehört zu werden. „Wenn nichts mehr geht, dann geh!" las ich damals und beschloss, meinen langgehegten Wunsch zu verwirklichen: einmal den Jakobsweg zu laufen. Ich nahm meine letzten 400 Euro vom Konto und lief los.

Zurück in der Heimat begann dann die Zeit meines „Zurückkämpfens". Denn die Umstände und Gegebenheiten hatten sich nicht geändert, während ich fort war. Ich stand vor den Scherben meines Lebens. Trotz der fünf Wochen Pilgerzeit, in der ich mich nur mit mir befassen konnte, war mein Plan für mein Leben weg. Meine Ziele, meine vermeintliche Berufung, meine innere Stimme – alles weg.

Die Pilgerreise hatte mir die Kraft gegeben, auf keinen Fall aufzugeben, auch wenn ich noch nicht genau wusste, in welche Richtung es nun gehen sollte. Nun musste ich mich mit ganz konkreten Fragen auseinandersetzen, die du auch dir nach extremen Erlebnissen stellen kannst:

1. Was mache ich mit den gewonnenen Erkenntnissen?
2. Wie ändere ich meine Situation?
3. Was ist mein Ziel?
4. Was kann ich?
5. Wie verdiene ich mir meinen Unterhalt?

Um mein Leben wieder finanzieren zu können, musste ich einen neuen Weg gehen. Ich bewarb mich das erste Mal in meinem Leben für einen Job und betete, dass das Richtige für mich geschehen würde. Berlin oder Köln warf ich ins Universum. Köln sagte zu. Ich packte meine Sachen und suchte mir eine neue Bleibe, um ein neues Leben zu beginnen. Ich fand mein neues Zuhause in einer 30-Quadratmeter-Wohnung mit einem aggressiven Alkoholiker als Nachbarn und wenig Tageslicht. Egal. Ich nahm den Gang raus und ließ rollen …

Ich hatte die Chance bekommen, in einer Schule als Dozent für Popgesang zu unterrichten. Zeitgleich durfte ich etwas bei der neuen Plattenfirma veröffentlichen. Nach einem TV-Auftritt und ein paar Monate später war aber auch schon wieder alles vorbei, so dass ich entschied, mit der Musik – in der Form, die ich gekannt hatte – erst einmal aufzuhören. Sieben Jahre habe ich versucht, meinen Kindheitstraum wieder zu (be-)leben, aber mein Bauch sagte nie zu 100 Prozent „ja", die Umstände waren nicht optimal, sodass ich beschloss, mir nicht weiter die Zähne auszubeißen. Ich modelte und arbeitete weiterhin als Dozent. Ich nahm alles an, was mir ein Grundgehalt sicherte.

Zu den wichtigsten Erkenntnissen meines Jakobswegs und dieser Transformationsphase meiner Heldenreise gehörte, dass es im

Leben eigentlich nie so läuft, wie man es gerne hätte, sondern wie es für einen richtig ist. Im besten Fall schafft man es, sein Denken so umzupolen, dass es irgendwann deckungsgleich ist mit seinen Wünschen. Wenn man mit seinen Wünschen und Träumen jedoch agiert wie ein Feldwebel, nach dem Motto „Nur so – und nicht anders!", dann wird es schwer. Das Leben kann dich dann nicht liebevoll und behutsam in die richtige Richtung schieben, sondern muss dir einen Tritt in den Hintern geben, damit du aufwachst und auch mal loslässt.

Ich lernte, dass das Leben von Anfang an einen Plan hat, lernte wieder meiner inneren Stimme zu folgen. Ohne diese Führung bist du auf einem Pilgerweg schlecht dran. Manchmal stehst du auf diesem Weg vor einer Gabelung und musst entscheiden, ob du links oder rechts gehst. Oft gibt es Pfeile oder Muscheln als Wegweiser, manchmal sind diese Pfeile aber zugewachsen, die Muscheln durch die Witterung verschwunden, und wenn es dämmert, musst du zusehen, dass du zu deinem noch unbekannten Schlafplatz kommst. Lange überlegen gibt es da nicht. Du musst deiner inneren Stimme, deiner Intuition folgen. Und das klappt. Angekommen bin ich immer.

An Karrierewegen sieht man es auch – es kommt so, wie es für dich richtig ist! Das Leben meint es oft gut mit uns, man muss vertrauen und darf nicht immer dagegen ankämpfen. Gang raus und rollen lassen. Das ist meine Erfahrung. Leicht ist es nicht, deswegen hier eine Erfolgsgeschichte, die dich daran erinnern soll, dass das Leben es schon richtig zu lenken weiß.

Der momentan bestbezahlte Schauspieler Hollywoods, Dwayne „The Rock" Johnson, wollte ursprünglich Profisportler werden und verletzte sich so schwer bei seinem ersten Profimatch, dass seine Karriere am Tag, als sie begann, auch endete. Wie tragisch, denkt man im ersten Moment, von „Fügung" spricht man im Rückblick. Bestimmung hat mit mehr zu tun als Zielstrebigkeit. Es hat vor allem mit „dem Leben zuhören" und Weg-Korrektur zu tun. Hören, was das Leben einem sagt. Wenn man immer wieder gegen verschlossene Türen läuft, gibt es vielleicht einen anderen Eingang, der zu etwas noch Größerem führt.

Es geht um die Erkenntnis, sich leiten zu lassen und die Zeichen zu sehen, die einem sagen, dass ein ursprünglich festgelegter Weg nicht mehr der richtige für die Zukunft ist. Dazu gehört Innehalten im Hier und Jetzt, anstatt dem nachzulaufen, was war oder sein sollte. Es ist der sorgfältige Blick auf sich selbst im gegenwärtigen Moment, um überhaupt weitermachen zu können. Es geht nicht darum, Erwartungen von außen zu erfüllen, sondern darum, was man – abseits von allen Traumata und Gefühlen – tief innen drinnen ist. Auf diese Erkenntnis folgt dann das Erkennen der Wahrheit und seines Bewusstseins. Bewusstsein bedeutet, sich bewusst zu sein, was ist, wer man ist, was man ist.

Solche gravierenden notwendigen Änderungen in seinem Leben zu erkennen und dann auch entsprechend einzuleiten ist ein langer Weg, der Arbeit und Einkehr bedeutet. Man muss eine Bestandsaufnahme durchführen: so wie: „Habe ich gerade Hunger? Ja oder nein?" So kann man seine Standards heben, lernen, sein Potenzial voll auszuschöpfen, und sich nicht mit allem zufriedengeben.

Es passiert das, was für dich richtig ist, und nicht zwingend das, was du dir wünschst. Vertraue dem Leben. Höre auf deine innere Stimme, dein Bauchgefühl und nicht auf das Echo. Höre dir und dem Leben zu.

WAHRHEIT
ODER WUNSCHDENKEN?

**Macht mich das, was ich tue,
glücklich? Oder mache ich es nur
aufgrund eines Pflichtgefühls?**

_____

_____

_____

**Bin ich gesund? Oder habe ich z. B.
häufig Beschwerden wie Kopfschmerzen?**

_____

_____

Lebe ich so, wie ich es mir wirklich wünsche?

_____

_____

Du erinnerst dich noch an die exponentielle Steigerung? Wenn du den Grund deiner Existenz findest, weil das Leben dir den Weg zeigt und du das auch annehmen kannst, kannst du deine Stimme und deine Bestimmung finden. Dann stellen sich der Erfolg und all das, was dein Leben so lebenswert machen wird, automatisch ein. Weil du „brennst" und „strahlst", weil du „hell" bist. Dann werden Menschen dich erkennen, du wirst mit ihnen in Resonanz gehen und dein Feuer und deine Botschaft werden verbreitet. Mit weniger Kampf, als du es vielleicht gewohnt bist.

Oprah Winfrey hat mal gesagt: „Service plus significance equals success." Dem Leben mit dem dienen, was du kannst, ihm dadurch Bedeutung geben, dann hast du Erfolg! Wahren Erfolg.

> **»Kümmern Sie sich nicht darum,**
> **erfolgreich zu sein, sondern arbeiten Sie daran,**
> **bedeutsam zu werden, und der Erfolg**
> **wird natürlicherweise folgen.«**
>
> OPRAH WINFREY

Geld und wirtschaftlicher Erfolg sind nichts wert, wenn sie in die Bedeutungslosigkeit führen. Ego und wahre Verwirklichung stehen sich gegenüber, der Weg führt bei uns allen über das Ego (es ist uns immanent, immer, ständig) hin zum wahren Sein. Wenn wir es denn wollen und uns auf die Reise machen. Das Wort „Bestimmung" hat den gleichen Wortstamm wie das Wort „Stimme". Also ist es meiner Ansicht nach fast unabdingbar, dass wir unsere Bestimmung dann finden, wenn wir einer höheren Sache, einem größeren Ding eine Stimme geben. Subtrahiere dein Ego, das ICH WILL, ICH MUSS, ICH BIN, und schaue, was übrig bleibt.

Dein schnelles Auto wirst du vielleicht genau dann fahren, wenn du einer höheren Sache dienst als nur deinem Kontostand. Vielleicht fährst du es auch bereits, fragst dich aber, was nun noch kommen soll, weil dich das Auto alleine eben auch nicht glücklich macht.

Rollen lassen ... ich denke, dass man nichts umsonst ausgeübt hat, keinen Job der Welt, keine Auszeit, kein Urlaubssemester. Alles zusammen bietet die Antwort und dient einem höheren Zweck.

Ich bin heute froh über diese früheren Erfahrungen. Natürlich war der Neuanfang sehr schwer. Mit nichts als 30 Quadratmetern und nur ein paar Euros auf dem Konto. Weit weg von der Unterstützung der Familie und den heimischen Freunden. Aber es war mein Weg, und er führte Schritt für Schritt wieder hin zu mir und in ein neues Leben.

Als Dozent, eingebettet in eine feste Arbeit mit echten Menschen, konnte ich wieder Fahrt aufnehmen und mein Leben sortieren. Ich arbeitete dort fast sechs Jahre. Dank meiner eigenen Umprogrammierung, positiver Resonanz und exponentieller Steigerung kam auch meine Freude am Singen und an der Musik zurück. Ich entdeckte wieder den Spaß am Leben. Es gab mich noch – meine Stimme –, nur anders.

Sie wurde sogar lauter und stärker denn je – durch das Ausüben meiner neuen Tätigkeit als Coach. Sie veränderte sich. Sie veränderte mich.

10

SINGEN IST DAS NEUE YOGA

SINGEN
IST EINE ART,
DER **SEELE**
UND DEM
EIGENEN
INNERN
AUSDRUCK
ZU GEBEN!

JOACHIM GAUCK

AUGEN AUF
BEI DER COACH-WAHL

Was ich in den folgenden Jahren als Stimm- und Motivationscoach herausfand, hat mich geprägt. Es ist ein wunderbares Gefühl, Menschen dabei unterstützen zu dürfen, ihre Stimme zu entfalten, und dabei zu helfen, ihre eigene Kraft zu entdecken. Denn das Geschenk, das in uns schlummert, ist zu kostbar, um das Potenzial nicht voll auszuschöpfen.

Die Menschen, die in meinen Kursen singen lernen möchten, empfinden meist einen Wunsch nach „mehr". Die wenigsten meiner Klienten verfolgen eine Karriere als Sängerin oder Sänger. Es ist der Wunsch, etwas Neues zu wagen und die Komfortzone zu verlassen. Der Wunsch, dem Inneren zu folgen und einfach mal etwas vermeintlich Verrücktes zu machen. Der Wunsch, das Innerste durch die Stimme nach außen zu kommunizieren. Egal, wer in dieser Zeit vor mir stand, ob Kinder oder Senioren, Studenten oder Schüler, Hausfrauen oder Geschäftsleute, sie alle hatten dieselbe Absicht: Sie wollten ihre Stimme nutzen, wollten herausfinden, wer sie sind, und es zeigen. Es ist oft der erste Schritt, um sich neu zu entdecken.

Natürlich kannst du dich auch über das Buch hinaus unterstützen lassen. Hierbei ist es wichtig zu wissen, was dein Ziel ist, und was dir auf dem Weg dorthin wichtig ist.

Eine Frage, die dir dabei helfen kann, dies herauszufinden:
Möchtest du klassischen Gesangsunterricht haben, um Töne zu treffen, oder deine Stimme entdecken und trainieren, um auch persönlich zu wachsen?

Letzteres ist mein Gebiet als Stimm- und Motivationscoach. Ich betrachte mit dir das große Ganze. Ich schaue hinter die Töne und hinter das Offensichtliche und versuche, den gesamten Menschen zu coachen, ihm beim Wachsen behilflich zu sein, denn so kann die Stimme wirklich wachsen. Ein wachsender Charakter entspricht einer stärker werdenden Stimme.

Mein Credo ist: Wenn ein Klient lächelnd und emotional gesehen „10 kg leichter" den Raum verlässt, genau dann war es eine gute Stunde und nicht dann, wenn alle Töne richtig sitzen oder er perfekt spricht und präsentiert. Mit „leichter" meine ich, dass er oder sie Dinge aus dem Kopf verbannt hat, die ihn oder sie limitierten. Die Töne oder das richtige Wort zur richtigen Zeit kommen irgendwann von ganz allein dazu.

Solltest du dich für ein Stimm- und Motivationscoaching entscheiden, ist es wichtig, dir den Coach zu suchen, der für dich der richtige Partner auf deiner Reise ist.

Hier ein paar Tipps, die dir beim Auswahlprozess helfen können:

- Ein Training sollte sich aus klassischen Elementen wie Atem-, Sprech- und Tonübungen, jeweils mit zahlreichen Wiederholungen der Einheiten aus den Stunden davor, zusammensetzen.
- Dein Coach sollte sich für deinen Gemütszustand interessieren.
- Du solltest das Gefühl haben, dass sich dein Coach mit großer Geduld mit dir auseinandersetzt.
- Du solltest die Stunden unbedingt mit einem positiven Gefühl verlassen.

MEHR ALS EIN BISSCHEN SINGEN

Nachdem wir nun näher auf die Möglichkeiten des Stimmcoachings eingegangen sind, stellst du dir vielleicht aber auch die Frage: Was, wenn ich wirklich singen möchte? Legst du den Gedanken eventuell direkt wieder zur Seite, weil die Idee dir doch zu verrückt erscheint?

Singen wird heute in unserer Gesellschaft häufig mit einem besonderen Talent verbunden, es wird suggeriert, dass alle anderen ohne dieses Talent aus diesem Kreis ausgeschlossen sind.

Schaut man jedoch einmal auf die Geschichte oder einfach auf sein eigenes Leben zurück, wird man bemerken, dass Singen ursprünglich eine Sache für jedermann ist.

Wir kennen die Gesänge von Stämmen aus Afrika oder Australien, die sich schon immer der Mystik und Energie von Musik bedient haben. Ihre Lieder haben überlebt, sind kulturelles Erbe, kulturelle Identität. In unseren Breitengraden waren es die Kirchenlieder. Menschen kamen zusammen, um ihrem Glauben Tribut zu zollen. Außerdem gab das Zusammensein Hoffnung und Beistand. In Schulen begann der Morgen mit einem Lied. Es öffnete den Geist, die Seele und bereitete so den Körper auf den Tag vor. An Feiertagen in der Kirche zu singen, ist bis heute für viele Menschen heilsam und Teil einer langen Tradition. Ich habe mich mit diesen Themen während meines Studiums befasst und gestaunt, wie diese Art von Kultur und Gemeinschaft unsere Gesellschaft und die Geschichte doch nachhaltiger geprägt hat als gedacht.

Aber auch für den Einzelnen ist Singen, mit etwas Abstand betrachtet, etwas ganz Normales. Im Kindergarten und in der Grundschule tut es noch jeder. Ich habe es zum Beispiel als Kind geliebt „Alle Vögel sind schon da" zu singen. Später im Leben denken wir, dass vielleicht unsere stimmlichen Qualitäten nicht für die Außenwelt bestimmt sind. Wir denken, dass wir nicht singen können und deshalb nicht singen dürfen. Das würde im Umkehrschluss aber auch bedeuten, dass wir nur zum Italienischkurs gehen dürften, wenn wir schon Italienisch könnten. Stimmt's?

Wenn wir also darüber nachdenken, in welchen Situationen wir singen, ob man sich nun offiziell als Sängerin oder Sänger bezeichnet oder nicht, dann kommt man schnell zu dem Schluss, dass es Situationen sind, in denen wir uns besonders frei und glücklich fühlen: als Kind, im Fußballstadion, bei Konzerten, unter der Dusche, im Auto, oder – der Klassiker – angetrunken während einer Party. Das sind Momente, in denen wir keine Hemmungen haben, diese verlieren oder uns im Schutz der Gemeinschaft befinden und es einfach rauslassen.

Folglich sollte es also eigentlich gar keinen Grund mehr geben, warum nicht jeder ab und zu einfach singen sollte – und das hat gar nichts damit zu tun, ob man letztendlich auf die Bühne möchte oder nicht. Einfach, weil einem danach ist, um sich glücklicher zu fühlen und die Möglichkeit zu haben, Gefühle auszudrücken, die wir über unsere gesprochene Sprache nicht ausdrücken können. Singen macht glücklich! Ob es der klassischen Lehre nach perfekt ist oder nicht, ist dabei völlig irrelevant. Also bitte: Sing!

Singen hilft dem Körper auch dabei, das Stresshormon Adrenalin abzubauen, klassische Glückshormone, die Endorphine und insbesondere das sogenannte „Kuschelhormon" Oxytocin werden ausgeschüttet, dieser Prozess setzt nach ungefähr 20 Minuten ein. Der Neurologe Eckart Altenmüller, Professor an der Hochschule für Musik, Theater und Medien in Hannover und Experte für Musikermedizin erklärt es so: „Das Chorsingen führt durch die Aktivierung der Atmung, die Kontrolle der Atemmuskulatur und nicht zuletzt durch das Gemeinschaftserlebnis zur Ausschüttung einer ganzen Reihe von positiven Emotionshormonen. [...]"

Auch die Wissenschaft und Medizin haben das mittlerweile als eine Art gesellschaftlichen Wandel konstatiert und lassen diese Erkenntnisse zum Thema Singen in ihre Therapien mit einfließen.

Bei Zusammenkünften in Krankenhäusern, mit Krebspatienten oder in sozialen Brennpunkten habe ich erleben dürfen, wie sehr den Menschen das Singen hilft. Es kann die Heilung beschleunigen, unterstützen, den Alltag versüßen und Schmerzen zurückdrängen – das ist wissenschaftlich erwiesen. Es lindert das seelische Leid, den körperlichen Schmerz und sorgt mit einer Vielzahl an Botenstoffen dafür, dass der Körper bei seiner Selbstheilungskraft unterstützt wird.

Aus diesem Grund ist es umso wichtiger, dass Menschen in ihrer Freizeit wieder zusammenkommen, um zu singen! So erlebe ich es auch in meinen Seminaren und Kursen, die Energie, die entsteht, wenn Menschen zusammen singen, ist unbeschreiblich und bringt die Luft förmlich zum Flimmern. 1000 Stimmen werden eins!

WAS SINGT DEIN LEBEN?

Wann hast du das letzte Mal gesungen?

_____

_____

In welchen Momenten singst du?

_____

_____

_____

Was singst du?

_____

_____

_____

Wie fühlst du dich dabei?

_____

_____

_____

Wann fühlst du den Drang zu singen, tust es aber nicht? Warum nicht?

_____

_____

_____

_____

_____

Solltest du dich entscheiden, deine gesanglichen Ambitionen auch außerhalb deiner eigenen vier Wände oder deines Autos weiterverfolgen zu wollen, dann möchte ich dir gerne diese Tipps mit auf den Weg geben:

- Starte mit einem Chor oder freunde dich mit dem Gedanken an, in eine Gesangsgruppe einzutreten. So kannst du vorerst den Schutz der Gemeinschaft genießen und hast Zeit, dich erst einmal zu entdecken.
- Achte auch hier darauf, dass du die für dich richtige Anleitung hast. Wenn der falsche Chorleiter vorne steht, brüllt und schreit, statt zu motivieren, verlasse lieber gleich den Raum.

Singen macht nicht nur glücklicher, sondern auch gesünder. Trau dich! Wenn es dir Spaß und dich glücklich macht, solltest du dich nicht aufhalten lassen! Sing! Singen ist völlig natürlich, du tust es sowieso immerzu! Nutze die positiven Effekte des Singens für dein Leben! Also raus aus der Komfortzone! Kopf aus! Lass raus, was raus will!

11

IM WANDEL: DIE STIMME IN DER GESELL- SCHAFT

DAS DIGITALE LEBEN

Im Zuge der Digitalisierung hat sich die Art und Weise wie wir mit-einander kommunizieren, geändert. Vieles läuft nun indirekt und anonymer über WhatsApp, Facebook oder Instagram, und unsere Stimme geht dabei unter.

Einerseits erleichtern die Messaging-Dienste unser Leben da-durch, dass man eine Information schnell senden oder empfangen kann, andererseits bringen sie uns weiter weg von dem, was für uns eigentlich natürlich ist: dem Miteinander.

Natürlich nutze ich diese Plattformen auch, möchte aber für ei-nen achtsamen Umgang mit ihnen sensibilisieren, weil wir alle – so scheint es mir manchmal – unser Gefühl für das eigentliche Mensch-sein während der Verwendung dieser Dienste verlieren. Dieser Ver-lust kann sich negativ auf unsere Beziehungen auswirken. Der ge-tippte Buchstabe hat unsere Stimme abgelöst. Viele Beziehungen lassen sich darüber definieren, wie schnell geantwortet wird. Sehen wir, dass jemand eine Nachricht bekommen und gelesen hat, erwar-ten wir sofort die Antwort. Kommt diese nicht, fühlen wir uns un-wohl, denken an eine kleine Verschwörung oder dass wir vielleicht nicht hoch genug in der Gunst des Gegenübers stehen. Es geht da-bei nicht um den Inhalt, die Länge der Nachricht oder darum, ob sich jemand Zeit und Ruhe zum Verfassen genommen hat. Niemals hören wir die Stimme dazu, die Geschichte dahinter, die Stimmung, in der sich das Gegenüber befindet. Dieser Klang würde eine Men-ge Licht ins interpretatorische Dunkel bringen. Wie oft haben wir uns „erlöst" gefühlt, wenn jemand anrief und sagte, dass er es aus diesem oder jenem Grund nicht geschafft habe, zurückzuschreiben. Auf einmal ist es für uns logisch, nachvollziehbar und verständlich, länger keine Antwort bekommen zu haben. Dieses Hin und Her könnte man sich sparen, wenn man einfach öfter direkt zum Hörer greifen würde.

Eine Verabredung oder ein gemeinsamer Kinoabend kann kaum noch stattfinden, ohne sich zuvor gefühlte zwanzigmal dazu digital „auszutauschen". „Wir schreiben vorher nochmal!" ist die berühmte offene Hintertür der Unverbindlichkeit. Falls noch etwas Besseres kommt, ist man so fein raus und kann kurz vorher per WhatsApp übermitteln, dass es doch nicht passt. Man erspart sich die emotionale Reaktion des Gegenübers und zieht sich aus der Affäre, denn der traurige, enttäuschte Klang der Stimme würde uns wahrscheinlich wachrütteln und zurechtweisen, würde hinterfragen oder gar überzeugen, sich doch noch zu treffen. Mit einer Stimme und einer verbindlichen Verabredung am Telefon, vor der Zeit der Handys, war das nicht möglich. Eine feste Verabredung war fest.

Die neue Art der Kommunikation boykottiert vor allem die Schritte bei der Partnerwahl. Täglich erlebe ich in meinem Alltag als Coach, wie sehr digitale Unarten die persönliche Kommunikation über die Stimme einfach aus den Angeln heben, indem man nur noch über seine Probleme schreibt. Man spricht nicht, sondern man schreibt sie sich von der Seele. Leider nicht mit der Hand, was einen viel größeren Effekt hätte, denn im Handgeschriebenen stecken viele Emotionen durch die Verbindung von Körper und Geist. Stattdessen sendet man sie durch das digitale Datenmeer, im Bus, in der Bahn, zwischen dem Nudeln-Kochen und der Arbeit. Man tippt seine Gefühle ein. In Sekundenschnelle. Eigentlich bedeutungsschwere Themen, die früher versprachlicht wurden, werden heute mit einem flinken Daumen über den Bildschirm gewischt. Dass das logischerweise schiefgehen muss, ist den meisten Menschen gar nicht bewusst. Wir müssen unser Gegenüber sehen und vor allem hören, wenn wir über für uns wichtige und emotionale Themen sprechen. Mein Eindruck, dass es mehr unglückliche Singles gibt als je zuvor, wundert mich da kaum. Eine App kann und darf nicht das zwischenmenschliche Gefühl ersetzen, das entsteht, wenn man sich gegenübersitzt und mit Tränen der Rührung in den Augen über eine emotionale Angelegenheit mit jemandem redet, der einem sehr wichtig ist. Solch schöne Momente kann man natürlich durch eine nette Nachricht hin und wieder unterstreichen, aber vorrangig sollte dieser schöne zwischenmenschliche Austausch persönlich stattfinden. Vor allem die negativen Gefühle wie Vorwürfe, Enttäuschung und Wut werden heute per Datenversand dem Partner um die Ohren geworfen. Sehr oft erfolgen heute sogar Trennungen per Nachricht. In vielen Fällen hätten sicherlich manche Trennungen oder Streits nicht diese „Todesstoß-Linie" überschritten, wenn man nur geredet hätte. Doch diese Mühe macht sich kaum einer mehr, denn es geht ja viel einfacher, wenn die Emotionen, das Ego oder die Enttäuschungen so groß sind. Da wird dann lieber hingeschmissen als zu reden. Dabei hätte es ja klappen können. Die Liebe hätte vielleicht gesiegt und aus Problemen hätten im Gespräch Kompromisse geformt werden können. Leichter ist es aber, einem emotionalen Impuls zu folgen und schnell auf „senden" zu drücken. Gerettet das Ego. Vorbei die Diskussion.

Auch ich selbst habe in den vergangenen Jahren hin und wieder geschriebene Worte benutzt, um Dinge zu klären, und bin damit fast nie mit großen Errungenschaften aus der Situation gegangen. Jeder macht solche Fehler, kann aber daraus lernen. Nicht jedes Gespräch muss immer wieder geführt werden. Manchmal muss man es dann einfach gut sein lassen oder mit ein paar geschriebenen Zeilen gehen, wenn etwas aussichtslos scheint. Das sind aber nicht die Situationen, die ich meine.

In diesen Zeiten, wo man sich seinen Partner einfach mit einem Swipe herwischt oder in mehr oder minder anonymen Apps lediglich digitale Daten austauscht, kann der persönliche Wert kaum noch hervortreten. Man kann sich hinter bearbeiteten Bildern und digitalen Worthülsen verstecken. Die wahren Emotionen jedoch stecken nicht in Emojis, sondern in uns und unserer Stimme und wollen mit dem Gegenüber resonieren. Dafür muss ein Empfänger diese Gefühle echt und ungefiltert zugestellt bekommen. Eine getippte digitale Nachricht hingegen enthält nur eine Information ohne deren so wichtigen emotionalen Mantel, den der Sender nicht mitübermitteln kann. Und so kann die Nachricht nur mit der Emotion und Gefühlslage des Empfängers gelesen und interpretiert werden. Falsche Interpretationen und Missverständnisse sind die logische Folge.

Leider. Und Gott sei Dank. Das ist es, was deinem Gesagten, deiner Stimme und somit dir so viel Macht verleiht. Deine Stimme kann jemanden zutiefst verletzen, sie kann aber auch zutiefst berühren. Sie vermag das Gegenüber zu durchdringen. Wie ein Pfeil kann ein „Ich liebe dich" ganz tief in dein Herz schießen und dich so tief berühren, dass du kaum weißt, wie du damit umgehen sollst. Nicht umsonst hat dieses ausgesprochene „Ich liebe dich" so einen Stellenwert. Es dauert, bis man es sich sagt. Ins Gesicht. Schreiben geht schneller. Da sind wir uns einig. Aber es zu sagen, egal, ob seinem neuen Partner, seinen Freunden, Eltern, Kindern, das ist eine der Königsdiziplinen im Leben. Es hat Gewicht. Es hat Kraft. Deine Stimme hat diese Kraft. Mehr als jede geschriebene Nachricht.

Seit einigen Jahren bemerke ich glücklicherweise auch einen Gegentrend zur digitalen Kommunikation, da Menschen durchaus den Wunsch nach Kommunikation im echten und ursprünglichen Sinne haben. Die Stimme gewinnt an Wichtigkeit. Ein echtes Wort an der Bushaltestelle, wo Menschen sonst nur auf ihr Handy starren, kann ein Lächeln in Gesichter zaubern und den Tag versüßen. Ein echtes Zusammenkommen mit Freunden, bei Konzerten, in einer Bar oder bei einem Treffen zu Hause ist für viele kostbar. Jeder freut sich über einen lieben Anruf oder ein ausführliches Gespräch bei einem Glas Wein. Die Stimme gewinnt an Wichtigkeit.

Das Live-Erleben von Musikern und Rednern war noch nie höher im Kurs als jetzt, da es die Menschen näher zusammenbringt. Nicht selten veranstalte ich Mitsing-Konzerte, bei denen sich am Ende Wildfremde zu Popevergreens in den Armen liegen und gemeinsam singen.

Seit Einführung der Sprachnachrichten in den Kommunikations-Apps ist auch hier ein kleiner Trend zu erkennen, und vor allem jüngere Leute bedienen sich dieser Funktion und nutzen ihre Stimme, um miteinander in Kontakt zu bleiben oder Informationen auszutauschen. Es bleibt jedoch bei manch sechsminütiger Sprachnachricht die berechtigte Frage des „Warum?". Es wird einfach losgeplappert, es kostet nichts und der Absender ist zu faul zum Tippen. Ich konstatiere mit einem Zwinkern: Sprache und Stimme kann man auch missbrauchen.

Auch in Krisenzeiten ist es immer die direkte persönliche Kommunikation, die uns wirklich hilft. Echte Kommunikation mit unseren Liebsten, ein ernstgemeintes liebes Wort beim Bäcker, ein Plausch mit dem Nachbarn über die Hecke hinweg oder auch die Musik sind dann oft Balsam für die Seele.

Wie wichtig diese Art der Kommunikation ist, habe ich selbst einmal deutlich erfahren. Mit 18 Jahren entschied ich mich, zusammen mit einem guten Freund nach Griechenland zu fahren. Er selbst war Grieche und lud mich ein, mit ihm seine Familie in einem abgelegenen Bergdorf zu besuchen. Nach einigen Tagen verschlechterte sich die Stimmung zwischen mir und meinem Kumpel. Aus heutiger Sicht denke ich, dass ihn dort familiäre Probleme eingeholt hatten. Zusätzlich kam es zu Missverständnissen am laufenden Band.

Nach einem erneuten Streit beschloss mein Kumpel auf einmal, nicht mehr mit mir zu reden. Ich hatte keine Möglichkeit, Zugang zu ihm zu bekommen. Kein einziges Wort ging über seine Lippen. Ich konnte kein Griechisch und niemand außer ihm sprach Englisch. Mit keinem Menschen konnte ich mich unterhalten. Zweieinhalb Wochen kein Wort außer „danke" und „bitte" auf Griechisch beim Essen.

Alle jüngeren Leute, die das jetzt lesen, werden vermutlich sagen: „WhatsApp und Netflix, da kommt man auch mal so klar!" Beides gab es damals leider noch nicht. Mein gesamtes Taschengeld ging dafür drauf, weinend von einer Telefonzelle aus bei meiner Familie anzurufen. Ich hatte kein Geld für einen früheren Rückflug.

Auf einmal fing aber mein Körper an, mit mir zu sprechen. Mein Gesicht und mein Oberkörper waren übersät von einer Akne, die schlimme Ausmaße annahm. Die Traurigkeit in mir war so groß, dass mein Körper sich einen Weg suchte, diese Wut, Enttäuschung und Verzweiflung auszuleiten. Da haben wir es wieder: Du bist, was du denkst!

Drei Jahre ärztliche Behandlung, 16 Antibiotika und unzählige Hänseleien später hatte ich es im Griff. Die große Narbe auf meiner Wange und viele andere in meinem Gesicht erinnern mich aber jeden Tag daran, dass ich meine Stimme nie mehr verlieren möchte. Und damit meine ich jeden Teil meiner Stimme. Sowohl meine innere Stimme, die mir sagt, wenn elementare Dinge in meinem Leben vielleicht nicht richtig laufen, aber auch meine gesprochene Stimme, die ich jeden Tag einsetze, um mit anderen Menschen zu kommunizieren.

Wir sind Menschen und tägliche Gespräche sind ein Teil von uns. Wir brauchen die tiefgründigen Gespräche bei einem Glas Wein mit der besten Freundin oder dem besten Freund, wir brauchen aber auch den täglichen Austausch mit den Kollegen an der Kaffeebar, den Tratsch beim Frisör oder eben Gespräche mit Freunden während eines Urlaubs. Alle diese Arten der Kommunikation sind für uns wichtig und Teil unseres Menschseins.

OLDSCHOOL
IST DAS NEUE HIP

Welche Kommunikationskanäle nutzt du mit Freunden und Familie?

_____

_____

_____

_____

Wie könntest du die persönliche, direkte Kommunikation fördern?

_____

_____

_____

_____

**Beschreibe, ob du mit der
Kommunikation in deiner Partnerschaft
zufrieden bist oder was ihr verbessern könntet.**

_____

_____

_____

_____

**In welchen Situationen in der Öffentlichkeit
könntest du mit Fremden ins Gespräch kommen?**

_____

_____

_____

_____

12

DER SPIEGEL DER SEELE

STIMMWUNDER

Als Stimmcoach gibt mir der Klang einer Stimme Hinweise auf das, was sich im Inneren eines Klienten abspielt. Auch dir sind bestimmt schon unterschiedliche Stimmtypen begegnet, die in dir eine bestimmte Reaktion ausgelöst haben und es vielleicht sogar heute noch tun, weil sie dich und deine Gefühle triggern. Genau wie Gerüche oder Lieder, die dich an irgendein Erlebnis oder eine Person erinnern, kann das auch eine Stimme tun. Eine schrille, kreischende und besonders laute Stimme löst oft ein Unwohlsein aus, man hat das Gefühl, angegriffen zu werden, weil das dahinterstehende Gegenüber nicht entspannt und ausgeglichen, sondern gestresst ist. Oft leiden diese Menschen auch an ständiger Heiserkeit.

Bei traurigen Menschen spricht man auch von „gebrochener Stimme", man kann hören, wenn jemand damit kämpft, Tränen zurückzuhalten, oder du bemerkst bei dir selbst den Frosch im Hals, wenn dich etwas sehr traurig macht und deine Stimme versagt. Unsere Stimme reflektiert unsere STIMMung.

Über den Klang einer Stimme hinaus geben mir auch äußerliche, körperliche Symptome Auskunft darüber, in welcher Verfassung ein Klient ist: Wie bewegt er seinen Kiefer, zieht er vielleicht seine Schultern hoch, knirscht er nachts mit den Zähnen und leidet er an daraus resultierenden Nackenverspannungen? Gerade eine angespannte Nackenmuskulatur kann sich dann wieder negativ auf den gesamten Stimmapparat auswirken, den Kehlkopf am weichen und richtigen Schwingen hindern.

Stress im Leben = Stress in der Stimme
Entspannung oder innerliche Ruhe = entspannte Stimme

So kannst du dir das Ausmaß der Wirkung deiner Stimme auf die Außenwelt vorstellen. Wirkst du ruhig, bekommst du das zurückgespiegelt. Ist deine Stimme gestresst oder auf Angriff, bekommst du auch das von deinem Umfeld zu spüren. Nicht der Empfänger ist verantwortlich für das Erhalten der Post, sondern der Sender.

VERSTUMMT

Besonders häufig ist der Fall, dass Menschen während des Sprechens oder des Singens den Mund kaum öffnen. Die Post kann nicht raus! Dennoch wird erwartet, dass etwas rauskommt. Laute Töne, hohe Töne, ein wichtiger Satz, eine Botschaft.

Die meisten überkommt bei der Aufforderung, doch mal den Mund weiter zu öffnen, ein Schamgefühl. Sie laufen rot an, als wenn es eine Schande wäre, den Mund aufzumachen, wenn es nicht zum Essen ist. Ist es nicht. Die natürliche Funktion ist aber genau dafür gedacht, dass der Mund zur Kommunikation geöffnet wird. So wie eine Tür, denn um durch diese hindurchzugehen, wirst du sie zuerst immer öffnen – eine Analogie, die ich oft bei neuen Klienten verwende. Eine offene Tür tut einfach nicht so weh beim Durchgehen.

STIMMGEWALTIG

Natürlich gibt es auch das Gegenteil von einem kaum geöffneten Mund („Der reißt aber auch immer die Klappe auf", „Hat der eine große Klappe"), nämlich Menschen, die ihren Mund beim Sprechen überproportional weit öffnen. Erkennen kann man dies nicht nur an einem weit geöffneten Mund, sondern auch an einer überzogenen Sprechweise, darunter fallen zum Beispiel besonders ausgeprägte Betonungen oder extreme Lautstärke. Diese Menschen sprechen mit „gefletschten" Zähnen, die Vorderzähne sind beim Sprechen zu sehen und ihre Stimme ist sehr „vorne". Ausdrucksformen, die auf das Gegenüber aggressiv und fordernd wirken.

Anatomische Gegebenheiten wie Zahnfleischwachstum, Zahn- und Kieferstellung können dies zusätzlich begünstigen und das Ganze noch verschärfen. Heiserkeit oder ein ständiger Frosch im Hals können weitere Symptome sein.

WELCHER STIMMTYP BIST DU?

Was und wie du etwas sagst, gibt Aufschluss über dich und deinen Istzustand. Das Wissen um die verschiedenen Sprechtypen, „Verstummt" und „Stimmgewaltig", kann dich aber auch gleichermaßen für dein Gegenüber sensibilisieren. Sicherlich ist es an dieser Stelle hilfreich für dich, deinen eigenen Sprechtyp zu analysieren. Was verraten deine Stimme und Mimik über dich, was könnte dir beim Kommunizieren mit anderen Menschen im Weg stehen? Die nachfolgenden Fragen können dir dabei helfen. Am besten nimmst du dir einen Spiegel zur Hilfe, um dich selbst beim Sprechen zu beobachten und dich so vielleicht selbst korrigieren zu können. Natürlich kannst du diese Fragen auch mit Menschen besprechen, denen du vertraust, und dir auf diese Weise Meinungen dazu einholen, wie du im Gespräch auf andere Leute wirkst.

DEINE BESTANDSAUFNAHME

**Öffnest du deinen Mund
beim Sprechen oder Singen?**

**Bist du oft heiser oder leidest
an einem Frosch im Hals?**

Sprichst du laut oder leise?

**Wie ist deine Mimik? Offen und
lebhaft? Oder zurückhaltend?**

Knirschst du nachts mit den Zähnen?

_____

**Als welchen der oben genannten
Sprechtypen würdest du dich einordnen?**

_____

_____

**Wen bewunderst du für seine
Art zu sprechen? Warum?**

_____

_____

_____

_____

Analysiere dich und deine Stimme kurz vor dem Schlafen-gehen. Deine über den Tag hinweg vielleicht gestresste und überanstrengte, meist zu hohe Stimme rutscht dann auch wieder in ihren normalen Sitz und müsste wieder entspannt klingen, vorausgesetzt du hast zuvor, zum Beispiel durch Sport oder Lesen, dem Stress eine Chance gegeben sich ab-zubauen.

Hierzu ein Tipp: Es kann sich anbieten, dieses Thema einmal mit deinem Zahnarzt zu besprechen, denn Vorsicht: Ohne Zahnschiene können deine Zähne weitreichende Schäden davontragen.

Dieselben Gedanken kannst du dir über Freunde, Familie, Kollegen oder deinen Chef machen, über alle Menschen, mit denen du häufig kommunizierst und mit denen dir eine besonders gute Kommunikation wichtig ist. Wenn du ihren Sprechtyp kennst, kannst du ganz anders darauf eingehen, bist besser vorbereitet – etwas, das dir zum Beispiel in geschäftlichen Verhandlungen weiterhelfen kann, genau wie das Wissen darüber, wie man selbst auf sein Gegenüber wirkt.

MUND AUF!

Diese Übung kann dir dabei helfen, deinen Kiefer zu entspannen.

Beiße fest auf die Zähne und lass dann schlagartig los, während du die Finger in die Wangen drückst. Dies hilft dir, den Mund richtig zu öffnen und die Backenzähne voneinander zu lösen. Der Mund sollte die Form eines Hühnereis haben, man nennt das „Ovalismus" oder

„Nullstellung". Die Zunge liegt im Unterkiefer, ganz entspannt mit der Zungenspitze hinter den unteren Frontzähnen.

Wenn du nun mit den Fingerspitzen deiner Hände leicht auf den Wangen trommelst, dann müsste bei entspanntem Zustand eine Art „Schmatzen" erklingen – dann hat es funktioniert.

Nicht verzagen, wenn es nicht gleich gelingt. Fast jeder braucht Zeit, bis er seinen Mund und Kiefer wieder richtig öffnen kann. Der Stress des Alltags führt in den allermeisten Fällen dazu, dass sich alles festzieht und man nur schwer loslassen kann. Nur die Zunge bewegt sich. Ich höre dich schon sagen: „Geht nicht!" Doch, es geht! Üben, entspannen und vielleicht zunächst nicht ganz so weit öffnen, bis du den Ovalismus erreicht und wirklich alles unter Kontrolle hast.

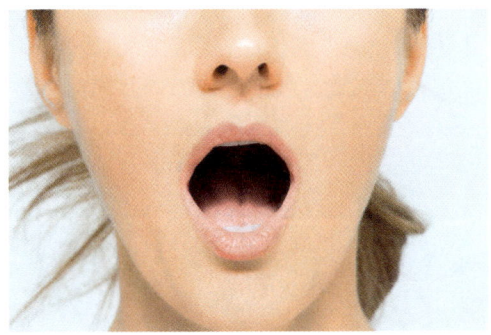

Und noch eine Übung für die Fortgeschrittenen:

Versuche, vor dem Spiegel die nachfolgenden Silben mit Fingern in den Wangen und ganz entspannt zu üben:

LALA, dann LAGA, dann JAJA, dann JAGA.

Wichtig ist, dass du den Ovalismus beibehältst und die Zungenspitze unabhängig vom Oberkiefer arbeitet und nach jedem Buchsta-

Wenn wir unsere **Stimme nicht nutzen,** **sagen** wir auch **etwas!**

ben wieder in ihren „Parkplatz" (Zungenspitze hinter den unteren Schneidezähnen, flach im Unterkiefer liegend) zurückkehrt. Das „l" sprechen und zurück mit der Zungenspitze zum „Parkplatz". Ebenso beim „g", hier schlägt das „g" am Gaumen an, die Zungenspitze bleibt an den unteren Schneidezähnen fixiert. Am besten ist es, wenn du langsam beginnst und nach und nach das Tempo steigerst. Wichtig ist, dass dein Kiefer sich nicht bewegt, sondern locker nach unten hängt.

LEISE STIMMEN IN MEINEM KOPF

Nun ist die Arbeit aber noch nicht abgeschlossen. Es ist gut zu wissen, welcher „Sprechtyp" du bist, und dies unter Umständen auch zu korrigieren. Noch wichtiger ist es aber, sich damit auseinanderzusetzen, warum man so ist, oder besser, warum man so geworden ist. Es gilt, Verhaltensmuster oder Traumata zu identifizieren, um die Symptome auch langfristig eliminieren zu können.

Warum machen so viele Menschen ihren Mund nicht auf? Es gibt viele Gründe, warum man seine Stimme, seine BeSTIMMung verloren hat und sich verloren fühlt oder warum es einem im wahrsten Sinne des Wortes die Sprache verschlagen hat.

„Sei leise!", „Du redest zu viel!", „Stell dich hinten an!", „Du bist nicht gut genug!", „Du kannst nichts!", „Mit dir will ich nichts zu tun haben!" Eine Vielzahl dieser Sätze hören viele von uns in der Kindheit und in der Zeit des Heranwachsens von Eltern, Verwandten, Lehrern, Trainern und Schulkameraden. Eltern nutzen diese Sätze sicherlich auch, ohne sich darüber bewusst zu sein, welche Spuren dies hinterlassen kann. Sie nutzen sie auch deshalb, weil sie es in ihrer Kindheit selbst so erlebt haben.

Ein noch gravierender Aspekt ist Mobbing, dem man vielleicht ausgesetzt war. Mobbing bedeutet, dass man von einer oder mehreren anderen Person(en) über einen längeren Zeitraum herabsetzend oder schikanierend behandelt wird. Dies kann im direkten Kontakt passieren, zum Beispiel von Klassenkameraden auf dem Schulhof oder Kollegen bei der Arbeit, aber auch digital, im Netz, via E-Mail oder per Handynachrichten. Mobbing war zum Beispiel bei mir der Grund, warum ich als Jugendlicher nicht mehr öffentlich singen wollte oder mich auch sonst sehr unwohl in der Schule fühlte.

„Beiß doch mal die Zähne zusammen" ist eine Redensart, die uns zum Durchhalten anregen soll und suggeriert, dass Probleme, die uns auf unserem Weg bewegen, nicht so gravierend sind, wie wir sie unter Umständen empfinden. Ergo: Man soll sich durch die Sache einfach mal „durchbeißen". Langfristig programmiert es einen jedoch dazu, dass man generell weniger darüber spricht, wie man sich fühlt und wie es einem wirklich geht, da man sich nicht ernstgenommen fühlt und somit seinen Mund nicht mehr aufmacht.

Das „Durchbeißen" geschieht schließlich permanent, sodass du nicht nur tagsüber, sondern auch nachts mit den Zähnen knirschst. Dadurch schüttest du 24 Stunden am Tag, sieben Tage die Woche Stresshormone aus, die Nackenmuskulatur und dein Kiefer verspannen sich. Deine Stimme wird dementsprechend nicht sonderlich glanzvoll, stark und eindringlich klingen, da ihr der richtige „Sitz" fehlt. Wie soll sie denn den auch haben? Sie kommt ja gerade einmal bis zur Rückseite der Schneidezähne, aber nicht weiter. Sie sitzt fest. Wie deine Gedanken.

Leider ist auch Religion immer wieder ein Grund dafür, warum Menschen schweigen, isoliert oder ausgegrenzt sind, gar mundtot gemacht werden. Ich als Theologe bin kritisch mit der Auslegung von theologischen Inhalten. Sowohl in Lehrveranstaltungen zu meiner eigenen Konfession als auch zu anderen Konfessionen war es während meines Studiums die Aufgabe, sich kritisch auseinanderzusetzen. Es wurde gelehrt, zu hinterfragen und nicht nur zu konsumieren. Deshalb lernt man beispielsweise während des Studiums der Evangelischen Theologie auch Altgriechisch und Hebräisch, um zur Urform eines Inhaltes zurückübersetzen zu können. So lässt sich herausfinden, was nach all den Überlieferungen der Überlieferungen heute zu lesen ist und einst wirklich dort stand und gemeint war. Man übersetzt auf diese Weise das Urwerk, um nachvollziehen zu können, wo auf dem Weg bis heute etwas verloren ging. Man versucht das herauszufiltern, was einmal tatsächlich aufgeschrieben wurde, nicht das, was die Kirche oder andere daraus gemacht haben, sondern das WORT GOTTES im Sinne seiner Lehre (theos = griech. Gott und logos = griech. das Wort).

In einer Kinderbibel sollen die Geschichten der Bibel kindgerecht erklärt werden, ihr gedeuteter Inhalt. Mit dem, was einst wirklich und tatsächlich geschrieben wurde, ist der Inhalt von einer solchen Kinderbibel meist nur verwandt. Zu komplex wären die Inhalte für Kinder, so vermutet man. Der Zugang soll erleichtert werden. Wichtig ist aber, dass man sich bewusst ist, dass bei einer solchen Version der Inhalt übersetzt und interpretiert wurde. Es ist nicht mehr das, was ursprünglich geschrieben stand. Die vermeintliche Botschaft und die „Lehre" sollen untermauert werden. So auch bei einer anderen Bibelversion, die in unseren Breitengraden als „Die Gute Nachricht" bekannt ist. Auch sie interpretiert die Urbibel, soll sie „zugänglicher" machen und die „gute Nachricht" verbreiten. Es ist wichtig, sich bewusst zu machen, dass so etwas geschieht. In guter, aber eben auch in weniger guter Absicht, nur damit es einfacher zu konsumieren ist. Während des Studiums mussten wir uns mit diesem Phänomen der Interpretation und Überlieferung befassen und einen Text zu seinem Urtext zurückführen, um sachlich damit umgehen zu können.

Vergleichen kann man das Prinzip mit dem Spiel „Stille Post". Jemand sagt einem anderen etwas ins Ohr, dieser interpretiert und überliefert, was auch immer er verstanden hat, und sagt es seinem

Nebenmann leise ins Ohr. Nur, wenn alle sorgfältig, sehr deutlich und ohne mutwillige oder versehentliche Interpretation des Gesagten weitergeben, was am Anfang tatsächlich ausgesprochen wurde, kommt die Ausgangsnachricht am Ende auch an. Je mehr Menschen beteiligt sind, desto schwieriger ist es. Dem natürlichen Prozess des Verlorengehens steht die neutrale Sicht der Dinge gegenüber: sich damit zu beschäftigen, Zeit zu investieren und nicht nur zu konsumieren.

Auch in den modernen Medien passieren diese Prozesse. Ein Journalist schreibt vom nächsten ab, einer lässt uns an seiner Meinung zu diesem Thema teilhaben, wieder ein anderer recherchiert sachlich die Fakten und gibt diese wieder. In jedem Fall befinden wir uns wieder mitten in dem Spiel „Stille Post". Aber wir können aktiv etwas tun. Wir können und sollten hinterfragen und unsere Stimme nutzen, um auch mal ein Veto einzulegen. Wir müssen nicht konsumieren, passiv das entgegennehmen, was kommt. Ein Bewusstsein dafür entwickeln, dass wir auch Teil dieser stillen Post sind. Wir können verschlimmern und nachplappern, was sowieso „die Runde" macht oder wir können Fakten liefern, eine kritische Meinung äußern, uns aktiv einer Sache anschließen, an die wir glauben oder mit der wir in Resonanz gehen. Wir können aktiv sein. Wir haben einen Mund – benutzen wir ihn! In vollem Bewusstsein mit den guten und vielleicht auch weniger guten Konsequenzen.

Keine Nonne, kein Papst, kein Prediger, kein Imam, keine Vereinigung, kein Lehrer oder keine Institution sollte es schaffen, dass unser Mund geschlossen bleibt. Bewusstsein schaffen und mündig bleiben. Sichtbar werden.

Diese genannten Zusammenhänge können dazu führen, dass wir vergessen, dass wir wichtig sind, eine Stimme haben und wert sind, gehört zu werden. Wenn einen keiner hört, kann man auch nicht gesehen werden. Aber natürlich kann man auch nicht angegriffen werden, wenn man stumm bleibt. Das hat zur Folge, dass man vergisst, dass man etwas zu sagen hatte, Träume hatte, die Welt erobern wollte, vor Glück geschrien hat, seiner Freude mit Lachen und Juchzen Ausdruck verliehen hat und gesehen und gehört werden wollte. Plötzlich hat man das Gefühl, in der zweiten Reihe zu stehen, hält die Klappe, vergisst, was man der Welt sagen wollte. Dass man dann diese Verhaltensmuster irgendwann plötzlich wieder ablegt, ist eher selten, fast schon illusorisch. Ein simples „Mach doch mal deinen Mund auf" oder „Sag doch mal deine Meinung" wird nicht ausreichen, unsere Stimme wieder zu reaktivieren. Körper, Geist und Seele müssen das erst wieder lernen.

Alle Übungen in diesem Buch sollen dir bei diesem Prozess helfen. Eine meiner Lieblingsübungen, bei der sich schnelle Trainingserfolge einstellen und die so gut wie keine Überwindung braucht, ist die folgende:

ZÄHLEN

Atme einfach tief in deinen Bauch ein und zähle laut. Gerne vor dem Spiegel. Achte darauf, dass du gut stützt (Bauchatmung), damit du nicht heiser wirst, und darauf, dass du wirklich den Mund aufmachst. Alles auf einem Atemzug. Einatmen, Bauch raus und los. Der Bauch bleibt bis zur letzten Zahl auf Spannung und so weit vorne wie möglich. Sage nicht „eins, zwei, drei, usw.", sondern „Aaaaaaaaiiins, zwaaaaaaaaaaii, draaaaaaaaaaaiii, usw.!" Langsam und unbedingt übertrieben. Stelle dir vor, dein Mund sei ein Schaufelbagger und du musst immer eine Schaufel voller Sand mit dem Öffnen des Unterkiefers ausbaggern. Erst mal bitte nur bis zehn, wenn das klappt, bitte bis 15 und 25. Zunächst langsam, später dann schneller, aber mit genauso weit geöffnetem Mund. Nicht die Geschwindigkeit zählt.

Du willst wieder lernen, deinen Mund aufzumachen? Dafür muss man erst einmal sicherstellen, dass er auch wirklich aufgeht. Du kannst dir dazu gerne laute Musik anmachen und gegen die Lautstärke sprechen, um eine Motivation zu haben, wirklich laut zu sein. Und denk nicht an deine Nachbarn, keine Scham!

Tipp: Mach die Übung am besten wenn du alleine zu Hause bist. Ich möchte nicht, dass jemand denkt, du seist ein wenig übergeschnappt!

Das Gegenteil dazu sind, wie oben erläutert, die Menschen, die besonders laut sind und „ihre Klappe weit aufreißen". Meist tritt dieses Phänomen bei Menschen auf, die ständig im Angriffsmodus und wenig entspannt sind und vom Angriff in eine direkte Verteidigung gehen, sobald ihnen etwas Gegenwind entgegenschlägt. Manchmal ist das auch eine Frage des Temperaments. In manchen Kulturen ist es üblich, viel lauter und offensiver zu kommunizieren als in Deutschland.

Leider liegen aber häufig anerzogene Verhaltensmuster oder gar Traumata zugrunde, die die jeweilige Person glauben lassen, laut sein zu müssen. Oft spielt die Angst vor Kontrollverlust eine große Rolle. Dies kann daher rühren, dass diese Personen in einem sehr frühen Entwicklungsstadium vernachlässigt wurden oder schlechte Erfahrungen mit Menschen gesammelt haben. Vielleicht wurden sie als Kind übersehen oder mit Regeln „erdrückt" oder „mundtot" gemacht, sodass später jede Gelegenheit genutzt wird, um zu zeigen, dass man „da" ist, wer man ist und dass man gesehen werden will. Doch auch körperliche Umstände können dazu führen, laut zu sein. Vielleicht wurde man übersehen, weil man kleiner war oder ist als andere, und man möchte durch seine Art der Kommunikation auf sich aufmerksam machen.

MEINUNG VS. REALITÄT

Nimm dir viel Zeit und Ruhe, dich damit zu beschäftigen, welchem Sprech- oder Stimmtyp du entsprichst und warum das so ist. Die folgenden Fragen können dir dabei helfen. Bedenke auch, dass dies ein langer Entwicklungsprozess ist und das Finden der Antworten auch schmerzhaft sein kann.

Sei leise! Du redest zu viel! Stell dich hinten an! Du bist nicht gut genug! Du kannst nichts! Mit dir will ich nichts zu tun haben! Beiß die Zähne zusammen! Was glaubst du, wer du bist? Meinst du, die Welt hat auf dich gewartet? Hör dich nur an?! Du klingst einfach schrecklich! Halt die Klappe! Wenn du den Mund aufmachst, kommt da nur Mist raus!

• Sind dies Sätze, die dir bekannt vorkommen? Wer hat sie zu dir gesagt? Deine Eltern? Familie? Lehrer?

Schreibe die Sätze auf, die dir zu Ohren gekommen sind. Traue dich, einmal in dich selbst hineinzuhorchen, was es war, das dich bis heute begleitet. Der Spruch eines Lehrers, deiner Eltern, Großeltern, eines Ex-Partners, einer Mitschülerin?

Danach kannst du aufschreiben, warum du glaubst, dass dir dieser Satz gesagt wurde. Was war die Absicht der Person, die ihn gesagt hat?

Betrachte die Situation aus der Vogelperspektive und überlege, was die Person veranlasst haben könnte, solche Dinge zu sagen.

Der Grund für ihre Aussagen wirst nicht du sein, sondern der Absender wird ein Problem mit sich selbst gehabt haben und dich als Ventil genutzt haben. Sie werden es aus Angst, vermeintlicher Liebe, elterlicher Fürsorge, Neid, Boshaftigkeit, eigener Enttäuschung oder Dummheit gesagt haben.

Ich hoffe, dass du dir auf diese Weise bewusst machen kannst, dass der eine oder andere Satz, der im Laufe der Jahrzehnte zu einem deiner Glaubenssätze geworden ist, ausgedient hat. Er stimmt nicht. Er ist von Person X aus dem Grund Y gesagt worden und kann nun begraben werden. Er hat mit der Wahrheit wahrscheinlich nichts zu tun.

Die Arbeit an der Stimme schafft Selbstbewusstsein, weil man sich seiner selbst bewusst wird, und Selbstvertrauen, weil man lernt, sich zu vertrauen. Du kannst deine Stimme wieder freilegen, räume Stein für Stein aus dem Weg. Du wirst merken, wie viel Spaß es macht, mit sich im Kontakt zu sein, zu singen, zu schreien, zu sprechen, und zwar mit der eigenen, kraftvollen Stimme, die dadurch gehört wird, weil sie die richtige Botschaft sendet: „Ich habe etwas zu sagen!"

Bewusstsein
bedeutet,
sich **bewusst**
zu sein,
was ist,
wer man ist
und
dass man ist.

13

FRAUEN, IHR HABT DAS WORT

STILLE HELDINNEN

Ich möchte an dieser Stelle besonders euch, liebe Frauen und Mädchen, dazu ermutigen, eure Stimme zu finden und von ihr Gebrauch zu machen. Die Hälfte der Weltbevölkerung sind Frauen, leider leben wir aber trotzdem noch immer in einer männerdominierten Welt. Weltweit gibt es in den Ländern gravierende Unterschiede hinsichtlich der Stellung der Frau, und auch in Deutschland kann von einer Gleichstellung von Mann und Frau überhaupt keine Rede sein. Gerne wird Frauen vorgegeben, welche Konfektionsgröße sie am besten haben und wie viele Kinder sie gebären sollten. Dazu wird „empfohlen", besser keinen jüngeren Mann neben sich zu haben.

Führungspositionen werden noch immer zu einem verschwindend geringen Anteil von Frauen besetzt, und das obwohl der größte Teil der Studienabgänger seit 1999 weiblich ist. Der Lohn liegt bei gleicher Leistung weit unter dem des Mannes. Zu laut sind immer noch manche Männerstimmen da draußen.

> **»Wenn jede Nation auf der Erde**
> **von Frauen geführt würde, würde man**
> **eine signifikante Verbesserung von**
> **Lebensstandards und Ergebnissen sehen.«**
> BARACK OBAMA

Während meiner täglichen Arbeit mit Frauen habe ich festgestellt, wie wichtig hier ausdrückliche Ermutigung ist. Viele meiner Klienten sind weiblich und je nachdem, welcher Generation sie angehören, stehen sie vor ganz unterschiedlichen Herausforderungen oder Problemen.

Frauen, die oft bereits selbst Mütter und Großmütter sind, sind neugierig auf das, was ihnen das Leben noch bringt. Sie möchten sich in erster Linie selbst etwas Gutes tun. Die alten Denkmuster jedoch, die sie geprägt und gebremst haben, führen immer noch dazu, sich zu wenig zuzutrauen. Aufgewachsen in einem komplett anderen Umfeld als heute, in den 50er- und 60er-Jahren, sind sie auf der Suche nach ihren Stimmen. Sie hatten meist nicht die Chance, ihren Beruf selbst zu wählen, und falls Frauen beruflich tätig waren, dann oft als Sekretärin, Verkäuferin oder in der Krankenpflege. Durchweg sind es Berufe, die vor allem darauf ausgerichtet waren, den Mann in seinem beruflichen Dasein zu unterstützen und den bekannten „Rücken freizuhalten". Der Fokus für Frauen waren die drei Ks: Kirche, Kochen, Kinder. Frauen lernten, sich zurückzunehmen und „hinten anzustellen". Sie hatten oftmals keine Stimme oder nur eine sehr leise, obwohl sie es in den meisten Fällen doch immer schon waren, die zu Hause alles managen und der Dreh- und Angelpunkt der Familie sind, ohne den nichts funktionieren würde. Sie waren und sind zugleich Köchin, Erzieherin, Ratgeberin, Putzhilfe, emotionaler Mülleimer, Topmanagerin und vieles mehr für Familie und Zuhause. Aber die Stimme der Frauen drang früher überhaupt nicht nach außen. Und ihre innere Stimme wurde früher erst recht nicht gehört – warum auch? Zu gering erschienen sicher oft die Möglichkeiten oder ihre Durchsetzung war zumindest verbunden mit sehr viel Kampf. Ich habe festgestellt, dass gerade diese Generation mit dem aufgedrückten Rollenmuster hadert, was sich in ihren Stimmen manifestiert.

Unsere gemeinsame Arbeit an ihrern Stimmen ist für viele Frauen wie eine Metamorphose. Sie erleben ein Glücksgefühl, wenn sie feststellen, dass auch sie laut sein können und eine Bruststimme haben, mit der sie klar sagen können, was sie denken. Diese Frauen erleben durch das intensive Sprechen, Singen oder auch mal Schreien, wie aufregend und heilsam es sein kann, Emotionen über die Stimme auszudrücken und dies zu dürfen!

Vergleichbar einem Stimmbruch beginnt eine Phase der Selbstfindung und resultiert in der Erkenntnis: Ich bin mehr! Ich kann mehr! Jetzt bin ich dran! Die Stimme wächst und damit auch das Selbstbewusstsein! Für mich als Coach ist es immer sehr emotional, bei diesem Prozess dabei sein zu dürfen, und es macht mich immer stolz, wenn jemand sein altes Ich mit meiner Unterstützung durchbricht.

Eine 50-jährige Frau hatte meinen Kontakt von einem Bekannten bekommen. Als sie mich anrief, hörte ich schon nach den ersten Worten, wie sich ihre Stimme überschlug. Das passiert oft, wenn man aufgeregt ist. Die Stimme bricht. Beim ersten Kennenlernen bestätigte sich mein Eindruck. Mir gegenüber stand eine Frau, die in ihrem Beruf gut und beliebt war, aber allgemein dafür nicht genügend verdiente Anerkennung und Entlohnung erhielt. Dazu kam ihre familiäre Struktur: sie als einzige Frau in einem männerdominierten Haushalt, dazu ein älterer und wiederum dominierter Bruder. Immer musste sie sich und ihre Position verteidigen und sich behaupten. Früher gegen ihren Bruder und heute gegen drei Söhne und ihren Mann. Dabei war sie die Macherin, die Managerin der Familie, die Säule, die alles stützte, die aber auch in dieser Rolle nur wenig Anerkennung bekam. Ihr zuvor bei anderen Lehrern erhaltenes Gesangstraining charakterisierte sich vor allem dadurch, dass die Klientin das tat, was ihr gesagt wurde, und das sang, was ihr aufgetischt wurde. Ihre Psyche und ihr Innerstes blieben bei diesem Training aber unbeachtet, mit Folgen ...

Sie konnte eher eine Arie singen, als einen Wunsch selbstbewusst und mit Nachdruck vorzutragen. Nach zwei Stunden gemeinsamer Arbeit hatten wir dann den Grundstein gelegt. Atmung, die Entdeckung der Bruststimme und ein Bewusstsein für all das, was ihr eigentlich wichtig war. Der erste Effekt war, dass sie richtig laut und mit vollem Körpereinsatz eine Zeile rausschmetterte. Es klappte. Es war in ihr! Ein wichtiger Aha-Effekt für sie, um weiterzuarbeiten. Sie war auf dem Weg, ihre Stimme zu finden. Nach und nach entwickelte sich die Stärke in ihrer Stimme parallel zur wachsenden Stärke ihres Selbstbewusstseins. Als wir dann einmal zufällig über das Thema „Handy" sprachen, sagte sie mir, dass sie als Einzige in der Familie einen „alten Knochen" habe. Beim Sprechen merkte sie selbst schon, dass hier etwas nicht in Ordnung war. Wir beide grinsten und ich ermutigte sie, sich auch ein gutes Telefon zu besorgen. Sie sollte es sich wert sein, es sei ihr gutes Recht, ein Handy zu besitzen, das ihr den Alltag erleichtert. Schließlich verdiente sie genügend Geld, benutzte es aber nie für sich. Kurz darauf kam sie freudestrahlend mit einem brandneuen Smartphone zum Coaching.

Mit den Veränderungen in ihrer eigenen Wahrnehmung, ihrem Bewusstsein und der neuen Stimme veränderte sich die Position in ihrer eigenen Familie, aber auch in ihrer Beziehung zu ihren Eltern und ihrem Bruder. Nach und nach wuchs sie und entfaltete sich, weil sie mutig die Veränderungen in ihrem Körper und Denken annahm und ihren Weg ging. Sie fand sich mehr und mehr, wurde sichtbarer und benutzte ihre Stimme. Sie äußerte Wünsche, Kritik, ihre Meinung und Zukunftspläne. Nachdem sie sich in ihrem eigenen Zuhause den richtigen Platz erarbeitet hatte, konnte sie sich nun auch um ihren persönlichen Grund der Existenz – ihre Bestimmung – kümmern. Weg von der leisen Schwester und der nicht sichtbaren Frau und Mutter hin zu einer gestandenen Lady, die gesehen wird. Auch ihr Kleidungsstil wurde deutlich selbstbewusster. Danach war sie nicht mehr aufzuhalten. Was folgte, waren mehrere Gehaltserhöhungen, die verdiente Anerkennung im privaten und beruflichen Umfeld und eine Vision für sich selbst. Nun ist sie selbst eine Inspiration, hat eine CD mit ihrer eigenen Musik aufgenommen und verwirklicht sich. Sie ist eine Stimme und kein Echo.

Als ich nach Köln kam, war eine Frau unter meinen ersten Schülerinnen, die heute eine meiner engsten Freundinnen ist: TV-Star Birgit Schrowange. Ich sollte sie für eine TV-Show gesanglich fit machen. Birgits große Liebe ist das Singen. Ich unterstützte sie dabei und nahm sie ernst in ihrem Wunsch, ihre andere Seite zu zeigen. Für

DICH **SELBST KLEIN** ZU HALTEN, DIENT **NICHT** DER **WELT.**

NELSON MANDELA

Birgit begann eine kleine „Heldenreise", denn das Singen brachte sie immer näher zu sich. Sie tat, was ihr Spaß machte. Sie war authentisch und glücklich, wenn sie sang. Sie brachte sogar eine kleine CD heraus, die ihrem neuen Buch beilag. Die Songs dafür schrieb ich mit meinem Freund, dem Musikproduzenten Sebastian Lang. Sie schaffte es damit bis in eine Samstagabendshow. Ich unterstützte sie mit allen Kräften dabei, denn es geht immer um mehr als nur um das Tönetreffen! Man muss anstecken und begeistern. Eine Geschichte erzählen. Man kann sich vorstellen, dass es nach vielen Jahren im Rampenlicht ein echter Durchbruch war, wenn man einfach selbstbestimmt tut, was man will, und es einem mal egal ist, was andere sagen. Danach erfolgt dann immer so etwas wie eine Kettenreaktion. Weitere langgehegte Träume hat Birgit daraufhin umgesetzt: ein Haus auf Mallorca, einen Hund, den Wunsch nach ihren grauen Haaren und das damit verbundene „Ja" zum wahren Ich. Sie traf die Liebe ihres Lebens und plante ihr freiwilliges „Goodbye" vom Showgeschäft. Eine tolle Frau, die ihre Stimme gefunden und benutzt hat.

DIE STIMMEN VON MORGEN

Heute werden Mädchen in Deutschland ganz anders erzogen und sozialisiert als in den 50er- und 60er-Jahren und haben andere Möglichkeiten. Viele Dinge sind glücklicherweise selbstverständlich geworden und die Emanzipation ist vorangeschritten, wenngleich sie, wie anfangs erwähnt, noch längst nicht abgeschlossen ist. Denn immer noch geschieht es, dass Mädchen und Frauen der heutigen Generationen sich nicht frei entfalten können. Es gibt unzählige Möglichkeiten, zwischen denen man wählen kann, und durch die digitalen Medien ein Überangebot an Infomrationen. All diese Informationen sind oft mehr, als ein Mensch in so jungem Alter verkraften kann. In vielen erweckt dies Zukunftsängste, mit denen sich die Frauen in einer als anonym wahrgenommenen Welt allein gelassen fühlen. Aufgrund der vielfältigen Optionen herrscht nicht selten Orientierungslosigkeit.

Die eigene Stimme wird nicht gehört und man hört auch nicht auf sie, denn Ängste sind übermächtig und müssen vertrieben werden. Der Stress der digitalen Welt ist zu verlockend. Statt an der Bushaltestelle oder auf der Keramik sitzend einmal zu verschnaufen und nachzudenken, nimmt man das Handy. Irgendwas zum Ablenken findet man immer.

Social Media können manchmal den Eindruck erwecken, dass diejenigen, die sich am meisten zur Schau stellen, scheinbar gut zu schnellem Erfolg kommen. Gerade die jungen Mädchen mit ihren ganz besonders glänzenden und schillernden Profilen und Kanälen erwecken den Eindruck einer unerschrockenen Frauengeneration. Doch das echte Leben, fernab von diesen gefakten digitalen Kanälen, sieht oft anders aus.

Eine meiner jüngsten Schülerinnen betreue ich seit ihrem zehnten Lebensjahr. Mit ihrer kindlichen Leichtigkeit und ganz viel Talent hat sie bereits viele überzeugt. Sie schaffte es nicht nur in Kinoproduktionen und TV-Serien, sondern nahm auch eigene Songs auf und hatte zahlreiche öffentliche Auftritte. Irgendwann wurde es ruhiger und ich bemerkte, wie sie kritischer gegenüber ihrem Äußeren und ihren generellen Leistungen wurde. Ihre so besondere Ausstrahlung, ihr „Feuer" schien kleiner zu werden. Zu viel hatte sie sich mit anderen verglichen, vor allem in den sozialen Medien. Zu viele Zweifel und die Angst zu versagen steckten in ihr. Ich fragte: „Wenn du früher, vor drei bis vier Jahren, tanzend und singend auf deinem Bett rumgesprungen bist, hast du damals an irgendwas gedacht oder dir Sorgen gemacht?" Sie schüttelte den Kopf. „Springst du heute mit 13 noch auf deinem Bett herum?" Sie schüttelte erneut den Kopf.

Und genau da liegt das Problem: Wenn wir nicht mehr wortwörtlich verrückt sein können, auf dem Bett herumspringen und lachen, singen, schreien – ohne an das Risiko oder „die anderen" zu denken, verlieren wir die Leichtigkeit, das Kind in uns stirbt. Dabei sollten wir, falls der alte Lattenrost bricht, einfach wie früher lachen, mitten im kaputten Bett stehen und es lachend wieder zusammenflicken. Niemals aber sollten wir aufhören zu springen und nie aufhören, etwas zu wagen. Entweder geht es gut oder eben nicht, im Ernstfall ist im schwedischen Möbelhaus schnell ein neuer Lattenrost beschafft. In den meisten Fällen wird einfach gar nichts passieren. Es bleibt nur der schöne Moment. Das innere Kind, das Platz braucht. Das kleine Mädchen, der kleine Junge – sie brauchen Platz. Sie müssen sich ausprobieren dürfen, ohne den weltweiten Vergleich antreten zu müssen oder durch Stimmen reglementiert zu werden. Sie müssen authentisch sein. Nicht perfekt.

„Worauf wartest du also?" fragte ich meine Schülerin. „Weg mit den Zweifeln und Ängsten. Sing! Sei du! Scheiß drauf, was andere sagen! Sing schief! Spring! So bekommst du deine Rollen zurück und du triffst auch deine Töne! Du weißt nämlich, wie es geht, dein Körper auch, nur dein Kopf steht dir im Weg."

>>**Der gesunde Menschenverstand**
ist nur eine Anhäufung von Vorurteilen,
die man bis zum 18. Lebensjahr erworben hat.<<
ALBERT EINSTEIN

Viele Mädchen und junge Frauen sehen sich in einem ständigen Wettbewerb. Das Internet verbindet und grenzt gleichzeitig ab. Konnte ich mich damals nur mit Menschen aus meinem Umkreis vergleichen, gibt es heute den Vergleich mit der globalen Community. Körperbildstörungen und verzerrte Frauenbilder suggerieren Mädchen in einer reichweitenbasierten Welt, dass die Person mit den meisten Abonnenten nachahmenswert ist. Platz und Zeit für die individuelle Entfaltung wird so schnell zum Luxusgut.

Auch auf die kleinsten Bürgerinnen in unserer Gesellschaft hat das einen Einfluss, denn ihre Zeit des jugendlichen Heranwachsens verkürzt sich stark. Waren Mädchen früher in meiner Jugend mit 15 oder 16 auf dem Trip des Ausprobierens und auf der Suche nach sich selbst und ihren Talenten, so gibt es heute Zwölfjährige auf YouTube oder anderen Plattformen, die älteren Frauen zeigen, wie man sich schminken soll. Ich spreche mich nicht gegen Trends oder die Digitalisierung aus, wir müssen uns nur darüber bewusst sein, was passiert. Bei Mädchen ab zwölf habe ich festgestellt, dass ihre Stimmen tiefer werden. Dem Alter entsprechend hoch zu singen, fällt vielen schwer – wo früher der Song in einem Disneyfilm gesungen wurde, gibt es heute oft einen mittelschweren Deutschpop-Song mit deutlich tieferer Frauenstimme und leichtem Ghetto-Slang im Text. Eher ein Lifestyle als ein Lied. Ich mag diese Songs, nur oft wissen die Kinder nicht, was sie da eigentlich singen und was dahintersteht. Bei Kinderliedern oder Disneyhits könnten sie deren Botschaft nachvollziehen, das wäre aber nicht „cool". Ob jetzt leichter Ghetto-Slang oder rosa Disney-Prinzessinnen-Attitüde – jedes ist ein Extrem für sich und hat Auswirkungen auf uns und unser Zusammenleben. Das Echo schallt überall.

Ohne euch Frauen können auch wir Männer nicht lernen und nicht wachsen, und darum geht es doch im Leben. Wir alle brauchen Stimmen wie die von Michelle Obama und Oprah Winfrey, weibliche Stimmen der Wissenschaft wie die von Marie Curie oder Worte von Frauen, die unser Land veränderten, wie die von Politikerin Elisabeth Selbert, die mit dem Zusatz „Männer und Frauen sind gleich" unser Deutsches Grundgesetz reformierte. Dies sind Stimmen, die uns inspirieren und als Vorbild dienen. Aber vor allem brauchen wir die Stimmen jeder Einzelnen von euch Frauen, unabhängig davon, wo ihr diese nun einsetzen könnt, ob auf der Weltbühne oder in einem Klassenzimmer. Die Welt braucht eure Stimmen.

MEHR DU, WENIGER SIE!

Welche Verhaltensmuster aus den Beispielen erkennst du an dir wieder?

_____

_____

_____

Wovor hast du Angst?

_____

_____

Mit welchen Ängsten fühlst du dich allein gelassen?

_____

_____

Welche Leistungen (im Beruf oder zu Hause) werden bei dir zwar gesehen, aber nicht belohnt oder honoriert?

_____

_____

_____

Welche Träume und Wünsche hast du vielleicht hinten angestellt?

_____

_____

_____

Wann hattest du in der Vergangenheit einmal das Gefühl, mundtot gemacht zu werden?

_____

_____

_____

Ich habe von euren Stimmen maßgeblich profitieren können. Ich erinnere mich an einen Moment in meiner Kindheit, in dem eine Stimme im wahrsten Sinne des Wortes meine Seele streichelte und mir für den Moment Hoffnung spendete.

Diesen kleinen magischen Moment hat damals meine Lehrerin erschaffen, als ich mit zehn oder elf Jahren weinend im Schulflur hinter den Jacken versteckt saß. Aus Angst, weiter gehänselt zu werden, saß ich dort und wartete auf den Schutz der Schulstunde. Sie sah mich, kam zu mir und fragte, was los sei. Ich antwortete ihr, dass alle mich seit Jahren ärgern, weil ich angeblich aussähe wie ein Mädchen. Ihre Antwort: „Du wirst später mit deinen Gesichtszügen sehr viel Geld verdienen, das weiß ich! Also lass sie reden!" Recht sollte sie behalten, denn zehn Jahre später begann ich mit dem Modeln. Damals konnte es mich natürlich nur minimal trösten, das Trauma saß tief, aber ihre Stimme habe ich bis heute im Kopf. Sie gab mir mit ihrer Stimme Hoffnung.

Auch ein für mich einschneidender Hinweis bezüglich meines Berufslebens stammt von einer Frau: von Birgit Schrowange. Ihr Tipp veränderte mein Berufsleben und ist sicher ein universell gültiges Gesetz. Als ich während eines Gesprächs mit ihr beteuerte, dass es mir bei meinem Beruf als Sänger nie um das Geldverdienen ging, sagte sie: „Genau da liegt das Problem! Du hast eine Stimme! Diese Stimme ist etwas wert, und wenn du nicht denkst, dass du dafür einen angemessenen Lohn, einen bestimmten Betrag Geld verdient hast, dann bekommst du auch nichts. Aber von Luft, Kreativität und Liebe kann keiner Miete zahlen. Du musst denken, dass du es verdient hast, für dein Können bezahlt zu werden." Ich verstand, dass die Leistung die ich erbringe, einen Wert hat. Seit dem Tag verdiene ich Geld und kann mir das Leben ermöglichen, das ich mir wünsche. Ich kann meiner Bestimmung nachgehen, Gutes tun und mir die Zeit auf der Erde so gestalten, damit es mich glücklich macht. Meine Stimme hat einen Wert. Genau wie deine.

Eine Frau, die ich sehr verehre, die frühere First Lady der Vereinigten Staaten von Amerika, Michelle Obama, hat dazu in einer ihrer Dokus sinngemäß im Gespräch mit jungen Frauen zum Thema Sichtbarkeit gesagt, dass sie selbst sich nie unsichtbar gefühlt habe. Ihre Eltern hätten ihr immer das Gefühl gegeben, sichtbar zu sein. Sie fordert weltweit insbesondere junge Frauen dazu auf, sichtbar zu werden. Nach ihrer Auffassung könne man nicht warten, bis die Welt sich ändert oder gerecht wird. Man könne sein Schicksal nicht von einem Präsidenten oder einer Amtszeit abhängig machen, man müsse selbst dafür sorgen, sichtbar zu werden und sich Gehör zu verschaffen.

> **Die Kraft eurer Stimmen dürft ihr niemals unterschätzen. Sich mehr gönnen. Sich mehr zutrauen. Sich nicht immer zufriedengeben. Mehr wollen, kein Echo sein. Wir brauchen euch und eure Stimmen als weitere Sichtweise, als Vertretung für 50 Prozent der Bevölkerung. Die Stimme einer Frau – zeigt sie uns!**

14

STARK MIT STIMME

SENSIBILISIERUNG STATT OPTIMIERUNG

Meine frühere Annahme, dass ich nur singen kann und alles dafür tun muss, um erfolgreich zu sein, hatte mir damals über die Grenzen Deutschlands hinaus eine gute Reputation eingefahren. Aber was konnte ich mir dafür kaufen? Nichts. Da ich nicht authentisch sein durfte, war ich nicht glücklich. Ich war das Echo meiner Träume und der Menschen um mich herum. Ich habe versucht zu gefallen und zu funktionieren. Statt herauszufinden, wer ich bin, was meine wahren Talente sind, was mich ausmacht und was meine eigene künstlerische Botschaft und vor allem, was meine „Stimme" ist, war ich damit beschäftigt, „konform" zu bleiben. Ich reduzierte mein Inneres so weit, dass es letztendlich zu dem angesprochenen Kollaps mit vier Hörstürzen führte.

Es ist wichtig, sich regelmäßig zu „scannen", um sich seiner Stärken und Schwächen bewusst zu sein, sonst geht man in einer Welt voller Optimierungswahn kaputt. Es ist wichtig, zu erkennen, warum du so bist, wie du bist. Warum du redest, wie du redest, warum deine Stimme klingt, wie sie klingt. Wir müssen uns hinterfragen, um glücklicher, zufriedener, authentischer, selbstbewusster und selbstbestimmter zu werden. Erst wenn nicht mehr alles im Autopilot passiert, sondern dein Bewusstsein dein Auto lenkt, dann hast du eine Chance, Dinge zu ändern. Und zwar durch das Umprogrammieren. Du erinnerst dich? Neukonditionierung! Durch das Verändern der Gewohnheiten und das Neulernen von Dingen kommen wir der Erkenntnis näher und auch unseren beruflichen und privaten Zielen.

Bei allem Optimierungswahn und dem Drang nach Perfektion geht es darum, dich besser kennenzulernen. Deiner inneren Stimme durch alle angebotenen Möglichkeiten zu folgen. Es kann und darf

CHECK-IN MIT DIR SELBST

**Bist du eine Wiese oder ein Strand?
Eine Wüste oder ein See?**

_____

_____

_____

**Welche Charaktereigenschaften zeichnen
dich aus? Welche davon magst du,
welche würdest du gerne ändern wollen?**

_____

_____

_____

_____

_____

_____

_____

Was ist es, das dich stört und bremst?
Was wurde dir in deinen Rucksack gepackt,
obwohl du nicht „hier" gerufen hast?
Was gehört wirklich zu dir?

_____

_____

_____

_____

Was wollen diese Wünsche
und Träume dir sagen?

_____

_____

_____

_____

nicht Sinn der Sache sein, dass du versuchst, alles zu können, und am Ende nicht mehr deine eigentlichen Stärken förderst, sondern mit allem dienen kannst, was erwartet wird. Nach dem Motto: Alles ein bisschen und nichts richtig!

ERFOLGSFAKTOR STIMME

Unsere Stimme ist unser ständiger, einzigartiger Begleiter, sie ist Teil der persönlichen Ausstrahlung. Eine gesunde Stimme zu haben, die kraftvoll und lebendig eingesetzt wird, wann immer man möchte, ohne verkrampft, zittrig, schwach oder leise zu klingen, sollte das Ziel sein. Vor allem im Beruf ist die Stimme einer der wichtigsten Bausteine für „Erfolg".

Es gibt Übungen, die die Ausdrucksweise verbessern, die Ausdrucksstärke erhöhen und Redesicherheit und Ausstrahlung zielgerichtet trainieren. Durch kontinuierliches Training bekommt man mehr Souveränität bei Verhandlungen mit dem Chef oder Partner, bei Präsentationen in der Uni oder in Meetings, bei Telefonkonferenzen oder Vorträgen vor und für Menschen, egal, ob auf einer Bühne, vor dem Kindergartenpersonal, Vorstand oder Nachbarn.

Meine Arbeit zielt dabei auf die Beantwortung folgender Fragen ab:
• Welche Faktoren sind ausschlaggebend für eine starke Stimme?
• Wie nutze ich das Potenzial meiner Stimme?
• Wie trainiere ich meine Stimme?
• Wie transportiert man seine Message durch die Stimme?
• Wie unterstützt der Körper die Stimme, um mehr Ausstrahlung zu gewinnen?
• Wie wird die Stimme vielfältig und zielführend eingesetzt?
• Wie präsentiert man souverän, zielführend und begeisternd?
• Inwiefern gibt meine Art zu sprechen mir selbst und meinem Gegenüber Aufschluss über meine Persönlichkeit?

Beginne, mit
deiner Stimme
Spuren
zu hinterlassen –
bei **anderen**
und bei
dir selbst!
Werde sichtbar!

Wie du es schon oft gelesen hast: Es geht nicht um Perfektion, um Optimierung, sondern um Sensibilisierung.

Ich möchte, dass du bewusst wahrnimmst, wie du dich heute fühlst und was das für dich, deinen Tag, deine Pläne und dadurch für dein Gegenüber bedeutet. Du musst dich kennen, dir selbst bewusst sein, um selbstbewusst zu sein. „Stimme" und „Stimmung" gehören untrennbar zusammen. Deine Stimmung definiert deine Stimme. Bist du aufgeregt, klingt deine Stimme aufgeregt, bist du happy, klingt deine Stimme happy und bist du niedergeschlagen, klingt deine Stimme auch so.

Das hat eine Wirkung auf dich. Jemand, der kraftlos und traurig auf dich wirkt, den wirst du nicht fordern oder herausfordern. Es sei denn, du willst diesen schwachen Moment aus taktischen Gründen extra nutzen (was aber ziemlich gemein wäre). Genauso kann es dir dann auch mit deinem Gegenüber passieren. Im privaten Bereich hat das kaum eine Bedeutung, beruflich kann es dich aber sehr angreifbar für andere machen. Dafür möchte ich dich sensibilisieren. Achte darauf, was du aussendest! Wenn du beispielsweise in einer angeschlagenen Stimmung etwas verkaufen willst, wird dein Gegenüber dies wahrnehmen und dich unter Umständen auflaufen lassen. Wer will schon von jemandem, der müde und gelangweilt klingt oder Aggressivität in der Stimme hat, etwas kaufen? Du?

DIE RICHTIGE STIMMUNG

Willst du ...

... dynamisch und stark wirken? – Springe ein paar Mal oder klatsche fest fünf- bis zehnmal in die Hände. Dann geh rein in die Situation!

... entspannt und sehr bedacht wirken? – Atme sieben Sekunden in deinen Bauch und sieben Sekunden wieder aus. Das Ganze fünfmal wiederholen. Dann betrete den Raum, strahle Ruhe aus und behalte deinen Fokus!

... begeistern, verkaufen und motivierend wirken? – Pumpe ein paar Mal mit den Armen und Handflächen zur Decke gestreckt ganz schnell. Immer wieder, um dich „rauf" zu bringen. Dann schnapp dir dein Publikum! Geh rein und begeistere sie!

Deine Stimme und dein Körper sind eins und deine Stimme wird tun, was dein Körper ausstrahlt! Bringst du dich rauf, geht sie mit dir rauf, fährst du körperlich runter, geht sie mit dir mit! Achte dabei auch auf deine richtige Atmung (Kapitel 2), um nicht ins Stolpern zu kommen.

POMMES MAYONNAISE

Für den alltäglichen Gebrauch und die freundliche Durchsetzungskraft deiner Stimme habe ich einen ganz einfachen Trick für dich! Ja, er heißt „Pommes Mayonnaise"! I know … klingt nach einem Witz!

Wenn du das nächste Mal bemerkst, dass du nicht an dein Ziel kommst, wenn du etwas sagst, nach etwas fragst, etwas forderst oder jemanden um etwas bittest, liegt es daran, dass dein Körper und deine Stimme nicht zusammenarbeiten. Der Trick ist: Stelle dir vor, du gehst in eine ziemlich volle, laute und nach Fett riechende Pommesbude und bestellst Pommes mit Mayonnaise. Sagst du das mit heruntergezogenen Mundwinkeln, schläfrigen Augen und kaum geöffnetem Mund? Wohl eher nicht, oder?!

Sobald du dran bist und die Bedienung dich fragt „Was darf's sein?", wirst du perfekt vorbereitet und wohl wissend, was du möchtest, sagen: „Hallo, ich hätte gerne einmal Pommes Mayonnaise!"

Dabei werden deine Augen offen und klar, deine Stirn freundlich hochgezogen und deine Mundwinkel oben sein. Du wirst vorher atmen und selbstbewusst und deutlich sagen, was du möchtest. Du wirkst offen und bestimmt. Deine Stimme wird die anderen Geräusche im Laden übertönen und deine Bestellung wird „registriert".

Genauso funktioniert es. Egal, wo du bist. Egal, was du fragen oder sagen willst: Atme ein, öffne dein Gesicht, öffne deinen Mund und stelle dir in Gedanken das Bild von Pommes Mayonnaise vor.

Spätestens beim dritten Mal wirst du merken, dass es sich inzwischen komisch anfühlt, unvorbereitet zu sprechen. Du wirst sichtbarer werden.

Bevor du irgendwo reingehst: 21, 22, Pommes Mayonnaise und Go!

Bevor die Kamera angeht: 21, 22, Pommes Mayonnaise und Showtime!

Bevor du etwas Wichtiges zu verkünden hast oder eine Rede halten musst: 21, 22, Pommes Mayonnaise und vor die Menge treten!

Zusätzlich kannst du öfter laut lesen und überprüfen, ob es in deiner Stimme oder in deiner Aussprache Auffälligkeiten gibt, die dich verunsichern oder dich aus der Kurve fliegen lassen, wenn es darauf ankommt. Dann kannst du die Basisübungen zu diesem Thema aus Kapitel 4 „Die Stimme" immer wieder trainieren.

Alles kann man trainieren. Akzente kann man erlernen, aber auch abtrainieren, auch Sprachfehler lassen sich beeinflussen. Nichts ist in Stein gemeißelt, und es macht sogar Spaß, weil man sehr schnell besser wird. Ganz einfach, weil du das Neugelernte jeden Tag anwenden kannst! Natürlich gehört dein Akzent zu dir, aber richtig spannend ist es dann, wenn man beides kann: Hochdeutsch und seinen heimischen Akzent. So kommt man immer und überall mit seiner Botschaft an, weil man die Sprache der Anwesenden spricht. Einer der wichtigsten Marketing-Leitsätze: Spreche und verstehe die Sprache deiner Zielgruppe. Was bringt ein zutiefst bayerischer Akzent, wenn man in Hamburg bei seiner Präsentation nicht verstanden wird und dadurch sein Produkt nicht verkaufen kann?

DU BIST DER CHEF!

Die folgenden Wörter und Zungenbrecher können dir dabei helfen, Sprech- und Sprachfehler zu beseitigen. Außerdem sensibilisieren sie dich für die richtige Atmung und den Stimmfluss.

Versuche, alle Wörter sauber und korrekt zu sprechen – du kannst dich auch mit dem Handy aufnehmen, und so dich selbst überprüfen.

- auflachen – auf flachen
- Nachtisch – Nachttisch
- transzendent
- Milchmischgetränke
- pechschwarze Miezekatze
- und noch einmal, weil so schön: Eifersuchtsszene

Hier ein paar Zungenbrecher:

„Denke nie, du denkst, denn wenn du denkst, du denkst, dann denkst du nicht, dann denkst du nur, du denkst, denn das Denken der Gedanken ist gedankenloses Denken."

„Der dünne Diener trägt die dicke Dame durch den dicken Dreck. Da dankt die dicke Dame dem dünnen Diener, dass der dünne Diener die dicke Dame durch den dicken Dreck getragen hat."

Hinweis:
Denke beim Vortragen von Texten, zum Beispiel bei Reden, nicht nur an die richtige Aussprache. Besonders die Satzzeichen haben einen entscheidenden Einfluss auf dein Gesagtes. Sie sind deine

„besten Freunde", um gesund und ausdrucksstark zu sprechen. Ein Komma heißt atmen, es verschafft Gehirn und Körper Zeit, richtig zusammenzuarbeiten. Bei einem Punkt sollte deine Stimme sich senken, bei einem Fragezeichen hinten auffordernd hochgehen. Achte darauf, dass du immer 100 Prozent Luft in deinem Bauch hast, wenn du liest. Egal, ob du einen kurzen Satz oder einen langen Satz vor dir hast. Du weißt manchmal nicht, was noch vor dir liegt, also sei sparsam und nutze jedes Komma als Pause zum „Nachtanken" deiner Luft.

Versprecher kommen übrigens nur dann zustande, wenn dein Gehirn schneller liest, als dein Körper, insbesondere deine Zunge, es umsetzen kann. Also, Zeit lassen.

Gerade beim Vortragen kommt es einem selbst oft zu langsam vor, in Wirklichkeit ist es dann genau richtig für den Zuhörer.

BUSINESS MIT HERZ

In Business-Coachings arbeite ich mit Klienten zusammen, deren Wunsch es ist, in ihrem Job besser kommunizieren zu können. Insbesondere Führungskräfte suchen hier nach Unterstützung. Resonanz zu schaffen ist hier das Ziel. Kommunikation auf Augenhöhe mit Mitarbeitern, aktives Zuhören, Spaß miteinander haben, gute Interaktion stehen dabei unter anderem auf der Agenda. Und ganz zentral natürlich: mit der eigenen Botschaft erfolgreich das Gegenüber erreichen.

Auch hier gilt wieder, die eigene Komfortzone zu verlassen, damit es überhaupt möglich wird, zu seinem Kern zurückzukehren. Mal wieder heißt es: zurück zum Kind – verrückt, authentisch, emotional sein und dadurch stark werden und Klarheit gewinnen.

Authentizität begeistert und überzeugt, gerade auch in den oberen Führungsebenen. In den USA hat ein Begriff gerade in der Businesswelt Hochkonjunktur: „vulnerability" – Verletzlichkeit. Die amerikanische Bestsellerautorin und Rednerin Brené Brown hat dieses Thema maßgeblich mitgeprägt und die Welt dafür sensibilisiert, dass man zu seinen Schwächen steht und vielleicht auch einmal darauf hinweist, dass andere im Team Dinge besser können als man selbst. So kann man auch seinem Team verdeutlichen, dass niemand perfekt sein muss, und es nimmt die Angst vor Fehlern. Wer sein Team so führt, der führt mit Herz.

Die Stimme eignet sich ganz hervorragend für solche Lernprozesse. Sie lässt den Menschen durchscheinen, kann uns im gleichen Atemzug aber auch führen. Ein Versprecher oder ein individuelles „Defizit" muss nicht kaschiert werden, man muss nur lernen, bewusst mit solchen Dingen umzugehen – sympathisch und authentisch.

Einer meiner Klienten suchte Unterstützung bei mir, um besser für seine Vorträge und Präsentationen vorbereitet zu sein. Wir dokumentierten seine Anfänge mit der Kamera und verglichen diese mit den letzten Sequenzen des Trainings. Er war über den Vorher-Nachher-Effekt verblüfft. Seine bisherige Überzeugung, eins zu eins in die Fußstapfen anderer Redner zu treten, um erfolgreich zu sein, hatte ihm nicht nur seine Individualität genommen, sondern auch das Brennen für seine Sache. So war er bei den Coachingsitzungen zunächst nervös, begrüßte das imaginäre Publikum mit einer gelangweilten Stimme und war emotional vollkommen flach, weil ihm die Dynamik im Körper fehlte. Ich motivierte ihn, sich zu bewegen, und arbeitete mit Musik. Aus unserem ersten Gespräch wusste ich, dass er in seiner Freizeit Fußball spielte. Also ließ ich ihn wie im Stadion zu Musik einlaufen und erinnerte ihn an die Situation zu Beginn eines wichtigen Spiels. Genau diese Mischung und die damit verknüpfte Vorstellung im Kopf brachten ihn kraftvoll wieder zu sich selbst, zu seiner Energie, Botschaft und Stimme. Später funktionierte dies ganz ohne Hilfsmittel. Nun war er „da", er war absolut präsent und wirkte frisch, kongruent mit seinem Wesen und begeisternd. Er war authentisch und nicht mehr nur die Vorstellung von dem, wie er sein müsste.

Wenn ich in Unternehmen Teambuilding-Maßnahmen durchführe oder Mitarbeiter coache, ist das Business-Singen oft eine geeignete Maßnahme. Dann heißt es: Nicht denken, einfach machen! Der Chef neben seinem Praktikanten, alle zusammen, in einem Boot. Jeder verlässt seine Komfortzone und leistet seinen Beitrag. Alle haben zusammen Spaß, wachsen in kürzester Zeit über sich hinaus und bemerken, wie Einzelne die Gruppe förmlich durch ihre Stimme „tragen" – meist sind dies sogar ganz andere als die, von denen man es erwartet hätte. Eine solche Erfahrung bringt alle wirksam näher zusammen und schafft neue Erkenntnisse sowie ein intensives Bewusstsein füreinander. Man muss sich gegenseitig zuhören, sich wahrnehmen, ein Team sein. Das ist für eine Gruppe wie ein „warmer Regen" und bringt ein Team zu absoluten Höchstleistungen. Weg vom Einzelnen, hin zum Team. Spielerisch und mit Leichtigkeit entsteht ein Wir-Gefühl.

In anderen Business-Coachings versuche ich, dieses Gefühl ohne das Singen hervorzurufen. Ich gebe dem Unternehmen einen kurzen Impulsvortrag zum Thema „Stimme", sensibilisiere dabei für die Bedeutung der Stimme für uns Menschen generell und in Bezug auf die „Business-Welt", mache anhand von ein paar Übungen die Bauchatmung und das große Potenzial der Stimme erfahrbar oder arbeite mit kleineren Teams an Gruppenaufgaben, wie zum Beispiel Telefonkonferenz-Simulationen oder Präsentationen. Sie sollen fühlen und erleben, was es heißt, in Resonanz zu gehen. Nicht denken, sondern fühlen. Erspüren, zuhören, reagieren und wieder agieren. Komfortzonen wahrnehmen und verlassen und die Power von Authentizität bei Präsentationen erkennen. Aber auch in Kontakt kommen und sich unterhalten. Schlussendlich: Emotionen erschaffen.

Musik hilft dabei sehr oft, doch auch andere Maßnahmen können Körper, Geist und Seele wieder sortieren, um erfolgreich zu sein.

In Wirtschaft und Business funktioniert es letztlich genauso wie in der Showbranche: Du musst berühren, um zu deinen Mitarbeitern, Kollegen, deinem Chef und deinen Kunden durchzudringen. Durch Authentizität und die oben genannte Verletzlichkeit wird das möglich. Zunächst mag es ein wenig Mut erfordern, sich so echt und offen zu zeigen, doch die Übungen helfen enorm, alle Scheu abzulegen, weil sie fließend und leicht die Tür öffnen, dass du Klarheit gewinnst, was deine Mission im Job ist. Diese muss natürlich nicht zwingend mit dir und deinem privaten Ich oder deinem Charakter im kompletten Einklang sein, sondern kann auch die Interessen deiner Firma widerspiegeln. Dennoch sollte das Vorgetragene nicht wirken wie von einem Roboter präsentiert, sondern durch deine Persönlichkeit authentisch transportiert werden.

15

BESTIMMUNG

BESTIMMUNG
VS. ECHOISIERUNG

Wusstest du, in wie vielen bedeutungsschweren Worten das Wort „Stimme" steckt? Verstimmung, Stimmung, abstimmen, übereinstimmen, zustimmen, bestimmen. Oder auch im Wort Bestimmung. Für mich besteht, im übertragenen Sinne, ein fundamentaler Zusammenhang zwischen den beiden Worten, weit über den Wortstamm hinaus.

Eine Stimme gibt dir Bestimmung. Sie kann dir dabei helfen, deinen Platz im Leben einzunehmen. Ihre Benutzung hilft dir dabei, dich von den Echos während deines Heranwachsens zu befreien, dich von Dogmen und Erwartungen zu distanzieren und deine eigene Sprache, dein eigenes Leben – deine Bestimmung – zu finden. Wir müssen uns von der Echoisierung befreien und das Bewusstsein darüber erlangen, dass sie geschehen ist und auch kontinuierlich geschieht.

> **»Das Wesentlichste ist, dass wir das sind,**
> **wozu uns die Natur bestimmt hat.**
> **Man ist stets nur gar zu sehr das, was die**
> **Menschen wollen, dass man sein soll.«**
> JEAN-JACQUES ROUSSEAU

Stellen wir uns einmal vor, dass Dennis das Kind von Eltern ist, die einen Handwerksbetrieb führen. Sie haben seit seiner Geburt die Erwartung, dass er den Betrieb übernimmt. An einem Wunsch ist zunächst ja nichts Verwerfliches, es ist wahrscheinlich sogar menschlich, sich so etwas zu wünschen. Die Erwartung hingegen ist egoistisch und einengend. Während seines Heranwachsens wird Dennis dieses Echo der Erwartung von seinen Eltern passiv übermittelt bekommen. Die Projektion macht etwas mit ihm, sie lenkt passiv sein Verhalten, meist stärker, sobald er es aktiv wahrnimmt, nämlich wenn seine Eltern ihm diesen Wunsch mitteilen. Solch eine „Echoisierung" kann sich schon ganz früh bei scheinbar unbedeutenden Dingen abbilden und den Alltag unbewusst beeinflussen. Stellen wir uns vor, dass Dennis sich Bücher und Malutensilien zum Geburtstag wünscht und seine Eltern ihm stattdessen Werkzeuge und Baufahrzeuge zum Spielen schenken, die denen seines Vaters verblüffend ähnlich sind. Da beginnt bei Dennis ein innerlicher Konflikt, denn natürlich liebt er seine Eltern und möchte ihnen gefallen und andererseits interessieren ihn Baufahrzeuge und Werkzeuge nicht. Es heißt nicht, dass das nicht auch noch kommen kann, aber es wird ihm etwas durch die Erwartung passiv eingetrichtert und da beginnt das Problem. Dennis wird wahrscheinlich Zeit seines Lebens damit zu kämpfen haben, seine Stimme zu verteidigen und gehört zu werden, bis zu dem Punkt, an dem ihm bewusst wird, was mit ihm gemacht wird. Übrig bleiben drei Wege:

1. Dennis hat eine kreative Mal- und Lesephase, findet jedoch allein den Weg zu Baufahrzeugen und Werkzeug, wird großer Fan der Arbeit seiner Eltern und liebt es, Handwerker zu sein. Er ist seinen Eltern dankbar für die Chance, den Betrieb zu übernehmen, und dafür, dass sie ihm die Wahl gelassen haben, diese Entscheidung selbst treffen zu können. Dennis wird wahrscheinlich eine gesunde familiäre Beziehung aufbauen und mit seinem Beruf zufrieden sein.

2. Dennis wünscht sich jedes Jahr Bücher, Malutensilien und andere kreative Spielsachen, ihm werden die Wünsche aber nicht erfüllt. Er ist traurig darüber, seine Eltern machen ihm diesbezüglich ein schlechtes Gewissen und sagen, dass er undankbar sei, denn andere Kinder bekämen schließlich gar nichts zum Geburtstag. Dennis entschließt sich künftig Freude vorzuspielen und gibt sich Mühe, seinen Eltern zu gefallen. Er will geliebt werden und sie

nicht enttäuschen. Seine Bücher liest er heimlich, er spielt und malt im Kindergarten oder bei Freunden, denn da kann er so sein, wie er ist. Er übernimmt den Betrieb, fügt sich dem elterlichen Echo, tut, was von ihm erwartet wird, und sagt niemals, was er fühlt oder denkt. Er führt ein unglückliches Doppelleben oder fragt sich eines Tages, warum er eigentlich nie eine Stimme hatte und getan hat, was er wollte.

3. Dennis sagt immer wieder, dass er Bücher und Malutensilien möchte. Seine Eltern lassen ihm diese Wünsche, auch wenn sie es sich vielleicht anders vorgestellt haben. Sie schenken ihm auch immer mal wieder ein Werkzeug, lassen ihn aber im Großen und Ganzen so sein, wie er ist. Sie finden sich nach und nach damit ab, dass Dennis andere Interessen hat und den Betrieb nicht übernehmen wird. Sie wollen, dass er glücklich ist und sein Leben lebt. Er wird erfolgreich in seinem Beruf, seine Eltern sind stolz auf ihn und schließen den Betrieb mit Beginn ihrer Rente.

Ich denke, du hast an diesem vereinfachten Beispiel gesehen, wie leicht man „echoisiert" werden kann. Meist macht es keiner dieser Täter bewusst, böswillig oder will etwas Schlechtes für sein Gegenüber. Jeder ist gleichzeitig Täter und Opfer. Wir sind alle das Ergebnis unserer Erziehung, der Kultur oder der Welt, in der wir leben, oder der religiösen Ausrichtung, der wir angehören. Wir können das nicht verhindern, denn es ist normal und wichtig, sich anzuschließen und zeitweise in der „Herde" mitzulaufen. Wichtig ist dabei, dass den Verantwortlichen um uns herum klar ist, dass sie uns programmieren, sie echoisieren uns. Die meisten Prozesse finden passiv statt – jeder von uns echoisiert andere, das ist normal. Jeden Tag. So funktionieren Gesellschaften. So funktionieren die Medien. So funktioniert Erziehung. Wir tun das, was uns gesagt wird, was sich angeblich so gehört oder gut und sicher für uns ist. Wir sollten nur merken, wann das Echo uns und unsere Stimme übertönt.

DEINE STIMME ODER EIN ECHO?

**In welchen Situationen wirst du übertönt,
überstimmt, überhört oder übersehen
und wie fühlst du dich dabei?**

_____

_____

_____

_____

**Wie fühlst du dich, wenn über
deinen Kopf hinweg entschieden wird?**

_____

_____

_____

_____

Lebst du das Leben, das du willst?
Wenn nicht, warum nicht?

_____

_____

_____

_____

_____

_____

_____

_____

_____

_____

_____

Meine Großmutter stammt aus der Kriegskindergeneration und sie möchte auf gar keinen Fall etwas tun, was für ihr Umfeld anstößig oder unhöflich ist. Sie isst zum Beispiel nicht gerne Kuchen, nimmt aber jedes Mal ein Stück, wenn sie es angeboten bekommt. Wenn ich sie frage, warum sie das tut, dann kontert sie damit, dass Ablehnung unhöflich sei und man es annehmen solle, wenn jemand extra einen Kuchen gebacken hat. Wenn ich mir dann manchmal vorstelle, wie viele Menschen an einem Tisch sitzen und einfach essen, obwohl es ihnen nicht schmeckt oder sie es generell nicht mögen, ist es irgendwie surreal, dass es solche Situationen 2020 immer noch gibt. Immer noch gibt es zu viele Momente, in denen wir nicht gehört werden oder nichts sagen dürfen und nur beschallt werden, während wir unsere eigene Stimme verlieren.

Kinder werden am häufigsten Opfer dieses Verhaltens, weil sie bis zum Alter von sieben Jahren programmiert werden und nur aufnehmen, was sie sehen und hören. Sie adaptieren. Wir sind dafür verantwortlich, dass sie geschützt und „richtig" programmiert werden, nicht unser Echo werden. Nicht das Ergebnis unserer eigenen vielleicht lieblosen Erziehung, nicht das Ergebnis religiöser Dogmen und nicht das Ergebnis gesellschaftlicher Vorstellungen.

Es gibt unendlich viele Beispiele für die Echoisierung von Generationen durch vorherige Generationen. Religiöse, wie die falsche Auslegung von heiligen Schriften, die in kriegerischen Handlungen mündet, oder die Stigmatisierung von Andersartigkeit oder Nichtkonformität in unserem alltäglichen Leben, weil Generationen Überlieferungen und persönliche Meinungen als eine Art Natur- oder Grundgesetz weitergeben.

Gerade in der Schule wird oft ein Grundverständnis von Intelligenz und Dummheit definiert, das mich jahrelang hat verzweifeln lassen, weil ich meine Stärken nicht sah, sondern immer auf meine Schwächen hingewiesen wurde. Natürlich war das vom jeweiligen Lehrer abhängig. Ein Zufall ist es, welchen Lehrer man im Unterricht

„vorgesetzt" bekommt, aber er prägt einen für das ganze Leben. In meiner Schulzeit dachte ich, ich sei nicht sonderlich intelligent, da mein Mathe- und Physiklehrer mir das Gefühl gaben, nichts wert zu sein, wenn ich eine Kurvendiskussion oder die Verbrennungsmotoren nicht verstand. Ein Mathelehrer schaffte es, mich vor allen bloßzustellen. Er sagte, dass ich zum Schreiner gehen sollte, um mir das Brett vor meinem Kopf entfernen zu lassen. Als ob ich es danach besser verstand ... Motivation funktioniert sicher anders.

Erst in der Uni, wo man den Raum hat, sich zu einem denkenden und freien Geschöpf zu entwickeln, bekam ich die Chance, mich neu zu definieren. Ich sah mich und die Möglichkeiten, die ich im Leben habe. Ich sah, wie mich meine Taten und Worte definierten. Es war nicht so wichtig, was die Dozenten persönlich von einem hielten. Eine Universität hat durch die Vielzahl an Studenten und dadurch, dass diese aus der ganzen Welt zusammenkommen, ein anonymes Umfeld. Es ging also darum, was ich zu sagen hatte – egal, ob mündlich oder schriftlich.

Dennoch hatte ich auch hier zwei Dozenten, die mich erneut versuchten kleinzuhalten, da ich Schwachstellen in Musiktheorie hatte (ist ein wenig wie Mathe!). Dennoch war ich vom 2,7-Abiturient, dem nicht viel zugetraut wurde, zum Einserkandidaten avanciert. Unfassbar für mich, die erste 1,0 auf dem Papier zu lesen. Daran konnten auch die zwei Herren der Schöpfung nichts ändern! Emanzipation von der Vergangenheit war das.

Ich appelliere an dein Bewusstsein und an deinen Verstand, diese Stimme zu erkennen und auch die daraus entstehenden Echos, die dein Gesagtes für andere bedeutet. Du solltest dich nicht verstecken. Wir leben in einer Wechselwirkung von Stimme und Echo, aber nur wenn uns beides bewusst ist und wir aktiv mit beidem arbeiten, können wir jemand sein. Es geht nicht um falsch und richtig, es geht um bewusst und nicht bewusst. Aktiv und offen konsumie-

SPRICH,
DAMIT ICH
DICH
SEHE!

SOKRATES

ren und gleichzeitig partizipieren. Es geht darum, alles zu betrachten und sich der Konsequenz des Gesagten, vor allem aber auch des Nicht-Gesagten, bewusst zu sein. Ein bewusster Geist, der Toleranz und Offenheit, eine eigene Meinung und Raum für Diskussionen durch seine Stimme zum Ausdruck bringt. Ein Geist, der durch seine Stimme dabei hilft, dass die Paradiesvögel und Dragqueens einer Gesellschaft genauso wie die Tischlerinnen und Versicherungsvertreter im graublauen Anzug ihren Weg gehen und ihre Stimme finden und benutzen dürfen, so wie sie es eben wollen. Die Echoisierung von Sexualität, Hautfarbe und gesellschaftlichen Normen sollte aufhören, damit jeder sein Potenzial entfalten kann. Es bringt nichts, einem homosexuellen oder transsexuellen Jugendlichen das Versprechen abzuringen, sich niemals ausleben zu dürfen, nur um ihn aus vermeintlicher Liebe vor der „bösen" Welt schützen zu wollen. Dass so etwas gutgeht, ist ein Trugschluss. Diese Handlung verschließt die eigene Stimme hinter einem Vorhang aus emotionaler Erpressung, der irgendwann schwer zu durchbrechen ist und viel Seelenqual und Selbsthass erzeugt und die betroffenen Menschen zerstört oder schwer bestraft. Es gleicht der Situation, eine religiöse Identität aufgedrückt zu bekommen, eine Zwangsehe zu führen oder das ewige „schlechte Gewissen" innerhalb von Familien und Beziehungen von Generation zu Generation weiterzugeben und als Druckmittel zu benutzen.

ROTE AUTOS

Achte auf deinem nächsten Fußweg – beispielsweise zur Bahn oder zum Einkaufen – darauf, wie viele rote Autos es gibt. Du wirst erstaunt sein, dass dir plötzlich unendlich viele fahrende oder parkende rote Autos auffallen. Gehst du zu einem späteren Zeitpunkt erneut dort spazieren, wirst du wieder mehr rote Autos sehen als zuvor in deinem Leben. Dies passiert nur deshalb, weil du dich für das Thema sensibilisiert hast. Nach ein paar Tagen hast du diesen Fokus auf rote Autos wieder verloren und der Geist hat sich neuen Aufgaben gewidmet.

An dieser Übung kannst du sehen, wie dein Unterbewusstsein funktioniert. Es macht dich auf für dich aktuell Relevantes aufmerksam. Es reagiert hauptsächlich auf das, was dir bewusst gemacht wurde oder was du dir selbst bewusst machst.

Das bedeutet im Rückschluss, dass es Sinn macht, wenn du deine Aufmerksamkeit nach und nach weg von den für dich negativen Themen lenkst, indem du ihnen die Relevanz nimmst. Es gibt diese Gedanken, die einfach nicht gehen wollen und die einen fertig machen. Die Zweifel, die im ungünstigsten Moment kommen, körperliche Komplexe, Gedankenmuster oder oder oder ... Die leichteste Übung, um sich zu zentrieren und den Fokus anders auszurichten, ist immer eine Atemübung, da diese immer und überall das Mittel erster Wahl sein und dich erden kann. Nachfolgend beschreibe ich ein Beispiel.

CHEF DEINER GEDANKEN

Deine Atmung bringt dich ins Hier und Jetzt. Schließe die Augen, atme sieben Sekunden durch die Nase bis tief in deinen Bauch ein, und dann sieben Sekunden durch den geöffneten Mund aus. Mache dieses sieben-sekündige Ein- und Ausatmen ungefähr fünfmal und richte deine Aufmerksamkeit ganz bewusst auf diesen Vorgang. Dann öffne wieder deine Augen und komme zurück in dein Hier und Jetzt.

Dies ist eine der Methoden, die dich einfach und wirksam aus deinem Gedankenkino befreit. Zentral ist dabei, wirklich bewusst zu atmen, das heißt, dich ganz in dich selbst und deinen Atmungsprozess zu versenken, auf den Bauch und das Zählen zu achten, und schließt aus, dass man noch an etwas anderes denken kann, man lässt alles andere außen vor. Das ganze Prozedere sollte konditioniert werden. Immer und immer wieder musst du diese gedanklichen Ketten besiegen, bis dein Geist aufgibt, sich bei immer demselben Thema festzukrallen. Du musst der „Chef" deiner Gedanken werden, mit der Atmung kannst du sie vorerst für den Moment ausschalten.

Wenn ich heute merke, dass mich negative Gedanken einholen, und ich gerade nicht die Übung „atmen" kann, weil Menschen um mich herum sind, brauche ich nur daran zu denken oder es anzudeuten, und die Gedanken verschwinden.

Tipp: Sollten dich während eines Meetings oder einer anderen Veranstaltung negative Gedanken überfallen, dann verlasse ganz einfach für einen Augenblick den Raum und ziehe dich beispielsweise in die Toilette zurück, wo du geschützt und ungestört diese Atemübung machen kannst. Die Übung benötigt ja nicht viel Zeit, und so bist du in kürzester Zeit wieder geerdet und kannst in den Raum zurückkehren.

Wir entscheiden, ob wir uns dieser angeborenen Fähigkeit des Ausdrucks durch unsere Stimme berauben lassen. Wir entscheiden, ob wir glauben zu denken oder wahrlich und faktisch selber denken. Wir entscheiden, ob wir uns die Digitalisierung zunutze machen und uns bilden, lernen und aus Informationen eigene Gedanken formen oder lediglich konsumieren, was „mundgerecht" aufgetischt wird. Nutzen wir die Vorteile dieser technologisierten Zeit, um voranzuschreiten oder werden wir Gefangene und Opfer dieser Technologien und überblicken nicht, was Menschen und Medien digital in uns infiltrieren, um uns zu manipulieren. Du entscheidest, ob du das Sprachrohr deiner Eltern wirst. Wirst du das Kind, das im Rentenalter immer noch das tut, was deine Mutter oder dein Vater dir, meist durch emotionale Erpressung, befiehlt, oder nicht? Es liegt an dir und in dir!

»Der Schlüssel dazu, sich eines glücklichen und erfüllten Lebens erfreuen zu können, ist der Bewusstseinszustand. Das ist das Wesentliche.«

DALAI LAMA

Benutze deine Stimme! Sag, was du denkst! Sag, was du fühlst! Sage „nein". Und sage „ja", vor allem zu dir und deinem Leben! Mache dir bewusst, dass diese Welt voller Echos ist!

OBEN

Dein neues Bewusstsein, die Arbeit an der eigenen Stimme und die neue „alte" Atmung bahnen dir den Weg zu deinem neuen Ich und einem glücklichen Leben. Es ist wie ein neuer Zugang zu dir selbst, ein Schlüssel für das Glücklichsein. Viele Menschen haben ganz vergessen, wie es sich anfühlt, glücklich zu sein. Du kannst das wieder spüren, indem du beginnst, die schlafende Kraft – deine Stimme – zu wecken.

Singen beschleunigt diesen Prozess, oft spürt man bereits nach 20 Minuten eine Veränderung. Du fühlst dich freier beim Singen, weil du die Welt um dich herum vergisst, und das Wunder „Körper" mit seinen Mechanismen dafür sorgt, dass man sich glücklicher fühlt. Wenn man dieses Gefühl regelmäßig, mindestens einmal wöchentlich, erzeugen kann, gewöhnt sich der Körper daran. Und auch dein wiederentdecktes Gefühl für die Atmung kann dir Momente schenken, die du vielleicht sehr lange nicht mehr so erlebt hast. Die kleinen Übungen für deine Stimme ermöglichen dir tägliches Wachstum und Veränderung in deinem Alltag. Du fühlst dich sozusagen ganz oben auf dem Gipfel des Glücks.

Warum wollen wir nicht nur wandern, sondern auf die Spitze des Berges? Warum genießen wir den Blick von einer Dachterrasse oder bezahlen viel Geld für den Blick vom Empire State Building in New York? OBEN fühlt sich besser an, da will man hin. Und das kann man auch, indem man es sich immer und immer wieder selbst ermöglicht und den Körper so umprogrammiert. Er gewöhnt sich an die neuen Gefühlszustände. Irgendwann wird das Glücksgefühl so stark, dass man die Dinge hinterfragt, bei denen das Gefühl nicht auftaucht, obwohl es das sollte.

Dann merkt man: Das macht mich nicht glücklich, das zieht mich runter! Dieser Mensch zieht mich runter. Dieser Teil meines Lebens

DIE WELT DER GEFÜHLE

Wann fühlst du dich glücklich und zufrieden, wann nicht?

_____

_____

_____

_____

Welche Gefühle spürst du, wenn du an deinen Beruf denkst?

_____

_____

_____

_____

Welche Gefühle spürst du, wenn du an deine Freundschaften denkst?

_____

_____

_____

_____

Gibt es Unterschiede innerhalb deines Freundeskreises? Kannst du diese Nuancen beschreiben?

_____

_____

_____

_____

Fühlst du dich von deinem Partner oder deiner Partnerin gesehen und gehört? Gibt es Situationen in eurem Alltag, in denen du dich besonders gut oder weniger gut fühlst?

_____

_____

_____

_____

_____

_____

Welche Gefühle spürst du, wenn du an deine Familie denkst?

_____

_____

_____

_____

_____

_____

raubt mir Energie. Es fängt der Teil an, der unaufhaltbar ist und zu dem Prozess dazugehört: Es verändert sich etwas. Dein Denken. Deine Gewohnheiten. Deine Art, Dinge zu sehen und zu fühlen. Du veränderst dich! Du willst dieses oder jenes nicht mehr hinnehmen. Du willst OBEN sein. Du willst eine Stimme sein. Sie benutzen. Sagen, was du denkst. Du willst kein Echo mehr sein. Du wirst Sehnsucht verspüren, wenn du einmal nicht zu dem gewohnten Tag singen oder in deinen Chor gehen kannst. Du wirst bemerken, dass du ganz unruhig wirst, wenn jemand versucht, dich in deine alten Muster zu pressen. Du merkst sofort, wenn jemand dich unsichtbar macht oder dich übergeht oder dir den Mund verbietet. Du willst das nicht mehr. Du willst sagen, was du denkst.

Alles, was dem OBEN im Wege steht, sollte langfristig dein Leben verlassen. Wir haben nur ein Leben und sollten es mit den Menschen oder Dingen verbringen, die uns bereichern. Der Weg ist nicht leicht, aber es lohnt sich, denn danach geht es dir besser als vorher. Bei vielen kristallisiert sich so ihre wahre Bestimmung heraus. In dem Moment fängt man an, sein Potenzial auszuschöpfen und fühlt sich lebendig. Man übernimmt Verantwortung für sein Handeln, seine Finanzen, seinen Beruf, sein Privatleben, seinen Körper und seine Vergangenheit. Man räumt auf und hat auf einmal eine Botschaft, eine Stimme – und die wird benutzt: zum Singen, zum Wünsche-Äußern und zum Meinung-Sagen! Zum Nein-Sagen und Ja-Sagen.

Ein Großteil meiner Schüler ist entweder Ende 20 oder in den Fünfzigern, denn genau in diesen Lebensphasen treten häufig die Fragen nach dem Sinn des Lebens in den Fokus: Wer bin ich? Was will ich? Was bin ich nach der Scheidung oder nach dem Tod meines Partners? Was bin ich ohne meine Kinder? Diesen Fragen muss man sich stellen. Kümmere dich um gute Antworten zu diesen Fragen und sei dabei mit dir selbst in gutem Kontakt. Wenn sie aufkommen, dann schiebe sie nicht allzu lang weg. Such nach den Antworten!

Nimm es an. „Oben" heißt nicht, dass es ohne Schmerzen, ohne Verluste geht. Oben impliziert auch das Unten, wie eine Achterbahn. Durch das kurzfristige Runter bekommst du den Schub für das Oben und dort genießt du die großartigste Aussicht und hast einen freien Blick. Unten ist dafür da, das Oben so richtig genießen und registrieren zu können.

Habe Mut, Veränderungen anzunehmen. Ein Veränderungsprozess ist oftmals schmerzhaft, aber meine persönliche Erfahrung und auch die der meisten Klienten zeigen: Es lohnt sich und ist nachher immer besser als vorher. Unser aller Heldenreisen sind der Beweis. Mehr Selbstwert, mehr Selbstvertrauen, mehr Liebe, mehr Lebensqualität, mehr Erfolg, mehr Geld, mehr persönliches Glück. Und am Anfang steht DIE STIMME. Es lohnt sich, diesen Weg zu gehen. Bei vielen kristallisiert sich ihre wahre Bestimmung heraus, der Grund für ihr Sein. Genau dann fängt man an, sein Potenzial voll auszuschöpfen und sich lebendig zu fühlen.

Alles, was sich nicht nach „oben" anfühlt, es aber sollte, muss gehen. Und dann wartet ein glücklicheres Leben, weniger Sorgen, mehr Spaß, mehr Leidenschaft, mehr OBEN!

Die Umprogrammierung findet nur durch dich, dein neues Bewusstsein und dein unablässiges Üben statt. Alles andere kommt von allein. Und dann heißt es dranbleiben, die Erkenntnisse nutzen, um noch weiter zu kommen.

Jeden Morgen, wenn du die Augen aufmachst, hast du alles, was du brauchst, um glücklich zu sein!

Du schaffst das! Werde sichtbar!
Du hast eine Stimme – benutze sie!
Sei eine Stimme – nicht nur ein Echo!

Bis bald mal,
dein Gerrit Winter

NACHWORT:
HAUCH DIR LEBEN EIN

Ich hoffe, dass das Buch dir dabei geholfen hat, deine Stimme zu finden und sie zu nutzen. Vielleicht haben die letzten Kapitel schon einen Impuls in dir ausgelöst. Das hoffe ich inständig. Genau das war meine Intention.

Wir alle tauchen mal ab oder waren sogar für eine längere Zeit abgetaucht, aber wir haben die Möglichkeit, wieder aufzutauchen und zu erwachen. Dieser Schritt beginnt immer bei uns selbst. Du kannst deine Möglichkeiten erkennen, dir deiner Stärken und Schwächen bewusst werden und dann mit dem arbeiten, was dir zur Verfügung steht. Du musst dich nicht mit dem, was ist, zufriedengeben. Realistisch, behutsam und ehrlich, statt mit der Brechstange.

Du kannst loslegen, dich kennenzulernen, dich zu sensibilisieren für die Dinge, die dir wichtig sind, aber vielleicht etwas vergraben liegen. Lege frei, was da war und ist, und gestalte dir dein Leben mit mehr Spaß, mehr Leidenschaft, mehr OBEN. Mach etwas anders. Fang im Kleinen an und werde dann größer in deinen Aktionen. Bleib dran, so beginnt der Prozess deiner Wandlung.

Benutze deine Stimme. Deine innere Stimme lenkt das Geschehen. Eine verlässliche Partnerin, die für dich da ist und sich meldet, wenn du nicht mit dem richtigen Respekt behandelt wirst, keine Wertschätzung erfährst oder schlicht und einfach einen falschen Weg eingeschlagen hast.

Wäre ich ausschließlich Sänger geblieben, wäre mir so viel entgangen. So viele Möglichkeiten wären mir verschlossen geblieben. Doch so konnte und kann ich immer noch das „Mehr", das das Leben bietet, erleben. So viel mehr Menschen, so viel mehr Momente, so viel mehr Stimme und auch wieder so viel mehr Musik. Alles zusammen bedeutet viel mehr Gerrit, so viel mehr von mir. Man ist immer mehr, als man selber meint zu sein.

Mein Leben lang haben dies viele um mich herum gemerkt und mich auf meinem Weg zum „Mehr" unterstützt. Sie hauchten mir Leben ein. Ihre Stimmen hauchten mir Leben ein.

Ich danke dir dafür, dass du dieses Buch in den Händen hältst und dass du so vielleicht auch anderen Menschen dabei helfen kannst, ihre Stimme zu finden. Immer mehr Stimmen bedeuten auch immer weniger Echos und diese Stimmen werden zu einem ganzen Chor, der gehört wird.

Unsere Stimmen bestimmen, welches Lied diese Welt singt!

THANK YOUS

Ich möchte hier den Menschen danken, die mir eine Stimme gaben und geben, mir die Möglichkeit geben, meine Arbeit zu machen. Einige Wegbegleiter habe ich bereits erwähnt, einige weitere erwähne ich hier, um auch ihnen zu danken.

Ich danke zuallererst den Menschen, die mir immer wieder ihr Vertrauen schenken und mit mir arbeiten, um die Kraft der eigenen Stimme zu entdecken. Ihr habt mich zu dem gemacht, was ich bin. Was wäre ein Coach ohne seine Coachees?

Ich danke meiner ganzen Familie, insbesondere Mum, Dad, Sina, Kevin, meinen Nichten und meiner Oma für ihre Unterstützung und ihre Liebe. Ich danke meinen wirklich tollen Freunden und Mentoren dafür, dass sie mich stetig wachsen lassen: Christine, Birgit, Silke, Elvira, Stella, Kim, Sebastian, Paul, Christiane, Andrea H. und Elke S.

Ich danke meinem Team von SH Consulting: meiner Managerin Saskia Hildebrandt, Bettina Bartel und Ute Hartmann für ihren Glauben an mich und dafür, dass sie mir den Weg dafür geebnet haben, einfach der zu sein, der ich bin!
Sie haben mich ermutigt, meine Geschichte aufzuschreiben, und sie sind die Wegbegleiter, die ich mir immer gewünscht habe!

Danke an Stephan Strauß und sein Team von 31Media. Danke dafür, dass du mit deiner Vision und deinem Tatendrang dieses Buchprojekt möglich gemacht und produziert hast! Das nennt man wohl einen Kickstart!

Danke an den ZS Verlag, der mir die Chance gegeben hat, durch dieses Buch mit der Welt zu kommunizieren! Ich fühle mich geehrt und bin allen Mitarbeitern unendlich dankbar für ihren Einsatz.

Danke an Kevin Koelker Photography für dein Auge und das sensationelle Coverfoto.

Danke an Daniel Bartel Creative für deine Videos, Fotos, Grafiken und deinen kreativen Input für all meine digitalen Kommunikationskanäle!

Ich danke Almuth Fischer (THF Marketing) für den kreativen Austausch und deine große Expertise, was die Welt der Worte und die gemeinsame Ausarbeitung der Texte angeht. Wow! Weiter geht's!

Danke an affaire populaire | Bianca Domula für das wunderschön gestaltete Artwork und dafür, dass du die Botschaft dieses Buches grafisch umgesetzt hast.

BEGLEITETE ÜBUNGEN &
BONUSMATERIAL

Du willst weiter an dir und deiner Stimme arbeiten? Du willst in deiner Persönlichkeit wachsen und selbstbewusster werden?

Dann besuche meine Website **www.gerrit-winter.de,** dort findest du u. a. Übungsvideos zu den Übungen aus diesem Buch und erfährst noch mehr über mich und meine Arbeit. Die Reise zu deinem neuen Ich geht weiter.

IMPRESSUM

© 2021 ZS Verlag GmbH
Kaiserstraße 14 b
D-80801 München

ISBN 978-3-96584-073-7
1. Auflage 2021

Projektleitung & Produktion: 31Media GmbH, Stephan Strauß
Text: Gerrit Winter & THF Marketing | Almuth Fischer
Covergestaltung, Grafisches Konzept, Layout,
Satz: affaire populaire; Bianca Domula
Redaktionelle Mitarbeit: Kathrin Mayr
Coverbild: Kevin Koelker
Abbildungen: S. 28, 54, 64, 121, 165 und 201 Kevin Koelker,
S. 185 Daniel Bartel Creative, S. 35, 141 shutterstock
Herstellung: Frank Jansen
Producing: Jan Russok
Druck & Bindung: CPI books GmbH, Leck

Die ZS Verlag GmbH ist ein Unternehmen der
Edel SE & Co. KGaA, Hamburg.
www.zsverlag.de | www.facebook.com/zsverlag